जानने की बातें

भाग-1 : प्रकृति विज्ञान

ग्यारह भागों में संयोजित

ज्ञान-विज्ञान की विश्वकोशीय पुस्तकमाला

पहला भाग : प्रकृति विज्ञान
दूसरा भाग : रसायन
तीसरा भाग : पदार्थ विज्ञान-1
चौथा भाग : दर्शन
पाँचवाँ भाग : साहित्य-संस्कृति
छठा भाग : इतिहास-1
सातवाँ भाग : इतिहास-2
आठवाँ भाग : ललित कथा
नौवाँ भाग : पदार्थ विज्ञान और यंत्र-कौशल
दसवाँ भाग : भारत और दुनिया के लोग
ग्यारहवाँ भाग : अर्थनीति-राजनीति

सम्पादक

देवीप्रसाद चट्टोपाध्याय

जानने की बातें

भाग-1 : प्रकृति विज्ञान

सम्पादक

देवीप्रसाद चट्टोपाध्याय

राजकमल प्रकाशन

मूल रूप में बांग्ला में प्रकाशित
'जानबार कथा' पुस्तकमाला के
पहले भाग का अनुवाद

अनुवाद
हंसकुमार तिवारी

पुनरीक्षक
सुरेश सलिल

मूल्य : (प्रति खंड) ₹495
(पूरा सेट) ₹5445

पहला संस्करण : 2006
नौवाँ संस्करण : 2023

प्रकाशक : राजकमल प्रकाशन प्रा. लि.
1-बी, नेताजी सुभाष मार्ग, दरियागंज
नई दिल्ली-110 002

शाखाएँ : अशोक राजपथ, साइंस कॉलेज के सामने, पटना-800 006
पहली मंजिल, दरबारी बिल्डिंग, महात्मा गांधी मार्ग, प्रयागराज-211 001

वेबसाइट : www.rajkamalprakashan.com
ई-मेल : info@rajkamalprakashan.com

आवरण : राजकमल स्टूडियो

मुद्रक : बी.के. ऑफसेट
नवीन शाहदरा, दिल्ली-110 032

JANANE KI BATEIN (VOL.1)
Edited by Deviprasad Chattopadhyay

ISBN : 978-81-267-1149-9

जो दुनिया को जानकर उसे बदलेंगे
जो अँधेरा दूर करके रोशनी फैलाएँगे
जो अपने हाथों से नया भविष्य लाएँगे
अपने देश के उन्हीं
छोटे-छोटे बच्चों के लिए !

प्रकाशकीय

जानने की बातें ! जानने की बातें जानने के लिए ही बच्चे स्कूल-पाठशाला जाते हैं। तब फिर यह पुस्तकमाला क्यों ? स्कूल की पाठ्यपुस्तकें एक निर्धारित पाठ्यक्रम से संबंधित होती हैं। एक सजग-दृष्टिसम्पन्न नागरिक बनने के लिए, बच्चों को पाठ्यक्रम के बाहर भी बहुत कुछ पढ़ना जानना होता है। वही 'बहुत कुछ', 'जानने की बातें' नामक 11 भागों में संयोजित, इस विश्वकोशीय पुस्तकमाला में बच्चे पढ़ेंगे। इसके सभी भागों का विवरण इस प्रकार है :

पहला भाग : प्रकृति विज्ञान
दूसरा भाग : रसायन
तीसरा भाग : पदार्थ विज्ञान-1
चौथा भाग : दर्शन
पाँचवाँ भाग : साहित्य-संस्कृति
छठा भाग : इतिहास-1
सातवाँ भाग : इतिहास-2
आठवाँ भाग : ललित कथा
नौवाँ भाग : पदार्थ विज्ञान और यंत्र-कौशल
दसवाँ भाग : भारत और दुनिया के लोग
ग्यारहवाँ भाग : अर्थनीति-राजनीति।

अपने मूल रूप में बाँग्ला भाषा में प्रकाशित इस पुस्तकमाला का संपादन प्रख्यात दार्शनिक-विद्वान स्व. देवीप्रसाद चट्टोपाध्याय ने किया है, और इसके लेखन में उन्हें चिन्मोहन सेहानवीश, अशोक घोष, सुभाष मुखोपाध्याय, जगदीश दास गुप्त, प्रभात दास गुप्त, प्रशांत सान्याल, मनोमोहन बंद्योपाध्याय, रमाकृष्ण मैत्र, श्यामल चक्रवर्ती आदि विशेषज्ञ विद्वानों का उदार और भरपूर सहयोग मिला है। इसका लेखन और सम्पादन आज से कोई आधी सदी पहले (1954 में) सम्पन्न हुआ था, लेकिन, कतिपय तथ्यों को छोड़ दें, तो राज्यतंत्र और समाजतंत्र अपने शोषण-शासन के साथ जिस समान गति से चल रहा है, उस सबके मद्देनज़र इस पुस्तकमाला की मूल विषयवस्तु आज भी समान

रूप से प्रासंगिक बनी हुई है। हजारों बरसों के सभ्यता के इतिहास में मनुष्य ने जो कुछ सीखा है, सहा-झेला है, उसे यहाँ, उपयुक्त कलात्मक चित्रों के साथ, संक्षेप में और ऐसी आसान भाषा में लिखा गया है कि विशेषकर शिशु-किशोर पाठक और सामान्यतया बड़ी उम्र के साधारणजन समान भाव से पढ़-समझ और लाभान्वित हो सकें। किस्सागोई जैसी रोचक भाषा-शैली में अनगिनत कलात्मक चित्रों से सुसज्जित इस पुस्तकमाला का हिंदी अनुवाद सुपरिचित कवि-अनुवादक हंसकुमार तिवारी (अब स्व.) ने किया है और पुनरीक्षण दायित्व निभाया है कवि-अनुवादक-संपादक सुरेश सलिल ने।

विश्वकोशीय स्वभाव की, अपनी तरह की, यह पहली अनूठी प्रस्तुति है! आशा ही नहीं, वरन् विश्वास है कि साक्षर हिंदी समाज इसे उत्साहपूर्वक अपनाएगा।

क्रम

विषय-परिचय

'जानने की बातें' क्यों ? इस सवाल को इस तरह भी पूछा जा सकता है, कि यह किताब क्यों ?

इसका जवाब यह है कि जानने की इच्छा तो सभी के मन में होती है। इसके अलावा भी आज जानने या न जानने के साथ ज़िन्दगी और मौत का बहुत नज़दीकी रिश्ता है। पहले ऐसी बात नहीं थी।

बिकनी द्वीप कहाँ है ? बिकनी द्वीप कितनी दूर है ? हमारे दादा के दिमाग में यह सवाल नहीं उठे थे। तब शायद, इन सवालों की कोई जरूरत नहीं थी।

लेकिन आज दूसरी बात है। हमने अखबार में पढ़ा कि बिकनी द्वीप में पहली बार हाइड्रोजन बम फटा। फिर कुछ दिन बाद हमने सुना कि इस बम के फटने से जापानी मछुआरों के शरीर जल कर राख हो गये। उसके बाद हमारे वैज्ञानिकों ने भी हवाई जहाजों के पंखों की जाँच करके यह मालूम करने की कोशिश की कि उस बम की राख उड़कर हमारे आकाश तक आई है या नहीं। यह भी मालूम करने की कोशिश की गई कि यह राख कैसी तबाही लाती है।

इसीलिए यह सवाल उठा कि बिकनी द्वीप कहाँ है और कितनी दूर है?

पहले ज़माने में लोग इस सवाल का सामना किये बिना भी मज़े में जीवन बिता सकते थे।

लेकिन हम ऐसा नहीं कर सकते।

हमने पूछा, हाइड्रोजन क्या है? मालूम हुआ कि वह कोई चिड़िया नहीं है;

एक तरह की गैस है। गुब्बारे में भर दी जाती है तो गुब्बारा तेजी से आसमान की तरफ़ उठने लगता है। छोटे-छोटे बच्चे उसे देखकर खुशी से तालियाँ बजाने लगते हैं। उनके लिए यह खेल है।

पर हाइड्रोजन बम कोई खेल नहीं है। कितनी-कितनी ताक़त होती है उसमें! शायद सारी दुनिया को ही जलाकर राख कर दे!

किसी ने हिसाब लगाकर बताया है कि अगर पाँच-सात बम पृथ्वी पर पाँच-सात जगह फेंक दिये जाएँ तो...

तो क्या होगा?...हाँ, क्या होगा?

पृथ्वी पर जितनी हरियाली है वह पलक मारते जलकर राख हो जाएगी।

सारे जानवर जलकर राख हो जाएँगे, सारे परिंदे भी। इन्सान का नाम-निशान मिट जाएगा; इन्सान की सारी कीर्ति मिट जाएगी।

हमारे मन में यह जानने की इच्छा पैदा हुई कि हाइड्रोजन बम कैसे बनाए जाते हैं। पर उस बम की विनाशकारी ताकत की बातें सुनते-सुनते हमारे मन में यह जानने की इच्छा की बजाय एक और सवाल उठता है—क्या सचमुच उसके बाद दुनिया में फूल नहीं खिलेंगे? चिड़ियाँ नहीं बोलेंगी? जितने इन्सान हैं वे सब जलकर राख हो जाएँगे?

यह सुन्दर पृथ्वी! इन्सान ने चुन-चुन करके इसकी सतह पर कैसी-कैसी खूबसूरत चीज़ें बनाई हैं? तो क्या यह सुंदर पृथ्वी एक दिन राख का ढेर बनकर अन्धों की तरह आसमान पर चक्कर काटने लगेगी?

सब-कुछ इन्सान के हाथ में है। आज सारी दुनिया की ही नहीं बल्कि खुद इन्सान की तक़दीर का फैसला इन्सान के हाथ में है।

हाइड्रोजन बम! इस बम को पाकर इन्सान क्या करेगा?

कुछ लोगों ने कहा, लड़ाई करेंगे।

लेकिन यह रोज-रोज की लड़ाई किसलिए? क्या इन्सान अब तक की लड़ाइयों में हुई बरबादी और तबाही को इतनी जल्दी भूल गया? कितने-कितने लोग मारे गए! कितने बच्चे? कितने बूढ़े? कितनी औरतें?

कुछ लोगों ने कहा, यह सब कर्म की बात है, विधि का विधान है, इसका कोई इलाज नहीं।

क्या यह बात ठीक है? किसी ने कहा, यह ठीक नहीं है। इलाज है; इसका इलाज इन्सान के हाथ में है।

कुछ लोगों ने कहा, असल में यह सब-कुछ नहीं है। असल बात यह है कि इन्सान की तबीयत ही ऐसी है। उसकी नस-नस में खून का नशा समाया हुआ है। थोड़े-थोड़े दिन बाद जब वह खून में नहा लेता है, तभी उसे चैन मिलता है। इसलिए...कोई इलाज नहीं है।

क्या ये बातें सच हैं? किसी और ने कहा, झूठ, बिल्कुल झूठ। जो लोग लड़ाई छेड़ना चाहते हैं वे ही ऐसी मनगढ़न्त बातें फैलाते हैं। इन्सान खूँखार जानवरों-जैसा दरिंदा नहीं है। इन्सान इन्सान से मुहब्बत करता है।

किसी ने कहा, इन सब बातों को लेकर बहस करने से क्या होगा? असली हालत को ध्यान में रखने की ज़रूरत है। पृथ्वी पर इन्सानों की तादाद जिस तेज़ी से बढ़ती जा रही है उसे देखते हुए कुछ ही दिन बाद लोग भूखे मरने लगेंगे। ज़मीन पर खाने-पीने की चीज़ें कम पड़ रही हैं। इसलिए यह अच्छा ही है कि लड़ाई होने से थोड़े-थोड़े अरसे बाद कुछ फालतू लोग साफ़ हो जाते हैं।

क्या ये बातें ठीक हैं? किसी और ने कहा, झूठ, एकदम झूठ! ज़मीन पर खाने-पीने का जितना सामान है और इन्सान खाने की नई-नई चीज़ें तैयार करने के जो तरीके ढूँढ़ता जा रहा है, उसे देखते हुए हमें पता चलता है कि शायद खाने-पीने की चीज़ों की कभी तंगी नहीं होगी।

फिर, इस तरह की खौफ़नाक लड़ाई की ज़रूरत क्या है? किसी ने कहा, इसकी वजह साफ़ है।

इसकी वजह उतनी ही साफ़ है जितनी यह बात कि दो और दो मिलकर चार होते हैं।

तो वह वजह हमें मालूम करनी होगी। उसको दूर करने का उपाय करना होगा। हम उसे दूर कर सकते हैं। शान्ति होने पर हमारी पृथ्वी सुन्दर रूप में निखरकर हमारे सामने आ जाएगी।

मानो हमें ज़िन्दा रहने का एक सहारा मिल गया। हमने सवाल किया, वह वजह क्या है? उसको दूर करने का उपाय क्या है?

यह बहुत लम्बी-चौड़ी बात है। इसमें गहराई तक पैठने के लिए कई बातों को जानना होगा। वे बातें ज्ञान-विज्ञान की जिन शाखाओं में फैली और रली-मिली हुई हैं, वे ये हैं :

विज्ञान
इतिहास
दर्शन
अर्थशास्त्र

राजनीति

फिर वही जानने की बातें आ गईं ! ज़िन्दा रहने की उम्मीद और कोशिश में जानने की बातों का सवाल बार-बार उठता है।

जानने की बातों को सीखने के लिए ही तो बच्चे स्कूल जाते हैं। अगर ऐसा है तो फिर यह दस जिल्दों वाली किताब क्यों?

इसका एक सीधा-सादा जवाब है।

स्कूल के बच्चे अपने स्कूल की किताबों के अलावा भी कुछ किताबें पढ़ना चाहते हैं। पढ़ते भी हैं। स्कूल की किताबें पढ़ते हैं। दूसरी किताबें भी पढ़ते हैं। वे अपने स्कूल की सीमा से बाहर भी बहुत-सी बातें सीखते हैं।

हम भी स्कूल से बाहर बच्चों की एक जमात बनाना चाहते हैं। इसमें जिन बातों की चर्चा होगी उनको समझने या न समझने का पास या फेल होने से कोई संबंध नहीं है। इसलिए इन बातों को सुनना तुम्हारे लिए आसान है, और हमारे लिए कहना। हो सकता है कि जो बात एक बार तुमने स्कूल में सुन रखी हो वही यहाँ भी फिर से उठाई जाए, लेकिन उस पर विचार नये ढंग से किया जाएगा। यह भी हो सकता है कि हम यहाँ जिन बातों पर चर्चा करें वे स्कूल में उठाई ही न गई हों।

ऐसे बहुत-से विषय हैं, जिनकी जानकारी हमें स्कूल में पढ़ते हुए न हो सकी थी, लेकिन उन्हें जानने की भूख थी। सो उन विषयों के बारे में स्कूल से बाहर हमने यहाँ-वहाँ से जानकारी एकत्र की थी। जैसे चित्रकला-मूर्तिकला के बारे में, दर्शनशास्त्र के बारे में। इसलिए 'जानने की बातें' पुस्तकमाला की योजना बनाते वक्त यह तय किया गया कि वैसे विषयों पर बच्चों के लिए जहाँ तक बन पड़े, साफ़ और आसान ढंग से लिखना चाहिए। इसीलिए 'जानने की बातें' में ऐसे विषयों के लिए भी जगह बनाई गई, जिन पर कम पढ़े-लिखे लोगों और बच्चों के लिए नहीं लिखा जाता।

तो इस पुस्तकमाला की योजना इस प्रकार तैयार हुई :

पहला भाग : प्रकृति विज्ञान
दूसरा भाग : रसायन विज्ञान
तीसरा भाग : पदार्थ विज्ञान-1
चौथा भाग : ललित-कला (चित्रकला, मूर्तिकला)
पाँचवाँ भाग : दर्शन
छठा भाग : इतिहास-1
सातवाँ भाग : इतिहास-2

आठवाँ भाग : साहित्य

नवाँ भाग : पदार्थ विज्ञान-2

दसवाँ भाग : भारत और दुनिया की चर्चा

तो क्या जानने की जितनी बातें हैं, उन सब पर यहाँ चर्चा की जाएगी?

बिलकुल नहीं। सारी बातों पर चर्चा करने के लिए अगर कई मोटी-मोटी किताबें लिखी जाएँ तब भी पूरा नहीं पड़ेगा। यहाँ हमने गागर में सागर जैसे एक खास रास्ते को ध्यान में रखा है।

आम तौर पर हम जब कुछ पढ़ते हैं या सीखते हैं तो विषय को बाकी सभी विषयों से अलग रखकर समझने की कोशिश करते हैं। एक विषय का दूसरे विषय के साथ क्या रिश्ता है, इसका हमें ध्यान नहीं रहता। परन्तु इस बात का ध्यान रखना ज़रूरी है, क्योंकि दुनिया में हर चीज़ का बाकी तमाम चीज़ों के साथ गहरा रिश्ता है। इसलिए किसी चीज़ की जानकारी हासिल करते वक्त इन रिश्तों को पहचानना ज़रूरी है। कहने का मतलब यह कि हमारी इस पुस्तक-योजना में हर विषय का दूसरे विषय के साथ रिश्ता है। दर्शन, विज्ञान, शिल्प, साहित्य, अर्थशास्त्र, इतिहास-ज्ञान के ये सब अलग-अलग विषय अलग-अलग कोठरियों की तरह नहीं, बल्कि एक ही शरीर के अलग-अलग हिस्सों की तरह हैं।

ये किताबें तैयार करते हुए शुरू में ही यह तय कर लिया गया था कि जिस विषय पर भी चर्चा की जाएगी वह मनुष्य को केन्द्र मानकर की जाएगी। जो आदमी चित्र बनाता है वही आदमी ज़िन्दा रहने के लिए खाना और कपड़ा भी चाहता है। ज़िन्दा रहने के लिए खाना-कपड़ा जुटाना अर्थशास्त्र का सवाल है और चित्र बनाना ललित-कला का। एक ही आदमी दो दिशाओं में कोशिश करता है, इसलिए इन दोनों दिशाओं के बीच सम्बन्ध होना अनिवार्य है। अगर इस सम्बन्ध को ध्यान में न रखा जाए तो यह बात पैदा हो सकती है कि जो लोग चित्र बनाते हैं वे सिर्फ़ हवा पर ही ज़िन्दा रहते हैं। यह तो बिलकुल संभव नहीं है। बात तो सीधी-सादी है, फिर भी हमेशा हमारे ध्यान में नहीं रहती।

लेकिन हमारे लिए इस बात को ध्यान में रखने में एक आसानी रही है। शुरू से ही हमारे दिमाग में मनुष्य की कहानी थी, प्रकृति के खिलाफ़ मनुष्य की लड़ाई की कहानी थी। अगर इन्सान प्रकृति को नियंत्रण में करके ज़िन्दा रहने के सवाल को हल कर लेने में सफल न होता तो शिल्प, साहित्य, दर्शन और विज्ञान कुछ भी संभव न होता। इसी ज़िन्दा रहने के लिए भोजन जुटाने में इन्सान की सफलता वह असली बुनियाद थी जिस पर उसने अपनी बहुरूपी सृष्टि की रचना की।

और चूँकि हम इस ढंग से सोचने की कोशिश करते हैं इसीलिए हमारी नज़र

में इन्सान की बनाई हुई यह रंग-बिरंगी दुनिया कोई बिखरी हुई चीज़ नहीं है। इसमें हर चीज़ का दूसरी चीज़ के साथ सम्बन्ध साफ़ है।

एक और भी आसानी रही। पहली बार सुनने में यह बात बहुत अजीब लग सकती है। कई लोगों ने मिलकर ये कई किताबें लिखीं, लेकिन अलग-अलग नहीं। हमने एक-दूसरे के साथ मिलकर काम किया। इसका मतलब यह बिलकुल नहीं है कि सबने एक ही क़लम पकड़कर एक साथ काग़ज़ पर लिखा। काम को बाँटकर ही किया गया। लेकिन काम बाँट लेने के बाद सबने मिलकर आपस में चर्चा की और पूरी योजना सोचकर तैयार कर ली। इसलिए जिसके हिस्से में जो भाग भी लिखने का काम आया हो, पर सबके दिमाग में योजना एक ही थी। लिखने के बाद भी, सबने मिलकर एक बार फिर उसमें सुधार किये, उसे सँवारा। हम लोगों में जिसका भाषा का ज्ञान अच्छा था, उसने बाकी लोगों की भाषा को सँवारा। जिसे विज्ञान का ज़्यादा ज्ञान था उसने दूसरों की लिखी हुई बातों में वैज्ञानिक तथ्यों को जाँचा। इस तरह अलग-अलग दिशाओं से अलग-अलग ढंग से हम सबने मिलकर यह दस जिल्दों वाली किताब लिखी।

हमने बहुत-सी किताबें जुटाई थीं; बड़ी माथापच्ची की थी। लिखने का काम पूरा हुआ। चित्र तैयार हो गए। लेकिन उसके बाद? उसके बाद का काम सिर्फ़ दिमाग़ लड़ाने से पूरा होने वाला नहीं था। उसके लिए सचमुच मेहनत करने की ज़रूरत थी, हाथ से काम करना था, चोटी का पसीना एड़ी तक पहुँच जाने की बात थी। चित्रों की छपाई, लिखे हुए अक्षरों और शब्दों की छपाई जैसे बहुत ही मुश्किल और तकनीकी काम। तभी हाथ की लिखी हुई चीज छपे हुए कागजों की शक्ल में आ सकती थी। इसके बाद भी बहुत-सा काम था। छपे हुए कागज़ को लेकर जिल्दसाज के घर पहुँचाना था। वहाँ भी कारीगरों के हाथों बिना काम चलने वाला नहीं था। किताब लिख चुकने पर हम तो गर्व से फूले नहीं समाते थे। पर वह तो सिर्फ़ दिमागी काम की बात थी। अगर उसे हाथ के काम का सहारा न मिलता तो जिस उद्देश्य से यह सब-कुछ लिखा गया था वह कभी भी पूरा न होता। हमने इस तरह हाथ के काम की इज़्ज़त करना सीखा। यह बात सीखना हमारे लिए बहुत क़ीमती है। हमने हाथ से की जाने वाली मेहनत की इज़्ज़त करना सीखा।

इन्सान का दिमाग और इन्सान के हाथ, इन्सान की बुद्धि और इन्सान की मेहनत, दोनों मिलकर पृथ्वी को कितना सुन्दर बना सकते हैं!

जो जंगल की घास थी, जो जंगल के बाँस थे, वे इन्सान के हाथों में पहुँचकर सभ्यता का एक अनोखा हथियार बन गए—काग़ज़। पत्थर के बीच लोहा छिपा

था; इन्सान के हाथों में पहुँचकर उसने अनोखी मशीन का रूप धारण कर लिया।

उसी मशीन से सफ़ेद काग़ज़ पर तैयार हो गई यह पुस्तकमाला–'जानने की बातें'।

इस पूरे काम में जो बहुत-सी अनोखी बातें हैं उन सबकी ओर हमेशा हमारा ध्यान नहीं रहता। सचमुच कितनी हैरानी की बात है!

यह अनोखी बात कैसे संभव हुई? इन्सान के दिमाग़ लड़ाने से? सिर्फ़ यही नहीं। इन्सान ने अपनी मेहनत भी लगाई।

वह मैदानों से, जंगलों से घास काटकर लाता है, बाँस काटकर लाता है, मिट्टी खोदकर उसमें से सीसा निकालता है, खानों से लोहा निकालता है, कचरे से प्लास्टिक बनाता है, हज़ारों आदमी इस काम में लगे रहते हैं। अगर वे अपना खून-पसीना एक न करते तो न काग़ज़ होता, न मशीनें होतीं, न कम्प्यूटर होता।

फिर भी यह बात हमेशा हमारे ध्यान में नहीं रहती। क्यों नहीं रहती? इसका कारण हमें मालूम हुआ। हमारे सोचने के तरीक़े में एक भूल है। क्या भूल है? जो हाथ से काम करता है उसे हम घटिया समझते हैं, उसे हम नीच समझते हैं। हमारी भूल क्या है? हम मेहनत की इज़्ज़त को ध्यान में नहीं रखते, मज़दूर की इज़्ज़त को ध्यान में नहीं रखते।

दस जिल्दों की यह किताब लिखते हुए हमने हाथ की मेहनत की इज़्ज़त करना सीखा।

इस इज़्ज़त को अपने मन से दूर कर देने पर मनुष्य के भविष्य के लिए एक बुनियादी खतरा पैदा हो जाएगा, क्योंकि इस पृथ्वी पर जो करोड़ों लोग रहते हैं उनकी मेहनत की बदौलत ही यह पृथ्वी चलती है। इसलिए अगर मुट्ठी-भर लोग पृथ्वी को तबाह करने की साज़िश करेंगे तो आज करोड़ों लोग उनका रास्ता रोककर खड़े हो जाएँगे। वे उनसे कहेंगे : हम शान्ति चाहते हैं, हम नई-नई चीज़ें बनाना चाहते हैं, हम पृथ्वी को नया रूप देना चाहते हैं।

दुनिया में शान्ति का राज्य होगा, नई-नई चीज़ें बनेंगी। इन्सान के हाथ, इन्सान का ज्ञान, इस बात की गारंटी हैं।

–सम्पादक

आकाश की कहानी

यह तस्वीर अदालत की नहीं है, लेकिन इसमें जो झाँकी है, वह फैसला या निर्णय सुनाने की ही है।

फैसला आख़िर किसका? और उसका अपराध क्या है?

अपराध है धर्म का विरोध, यानी लोगों में किसी ऐसी बात का फैलाना, जोकि धर्म के विरुद्ध जाती हो। यह फैसला इसीलिए हो रहा है। आज के दिन शासक के विरुद्ध कुछ कहने से जेल की सज़ा होती है; एक ऐसा भी ज़माना था जब धर्म के ख़िलाफ़ कुछ कहने पर कड़ी-से-कड़ी सज़ा मिलती

थी। यही कारण है कि ऊपर की तस्वीर में जो लोग फ़ैसला देने बैठे हैं, वे मामूली हाकिम-हुक्काम नहीं हैं, वे सब हैं गिरजे के पंडित-पुरोहित। वही फैसला करने वाले हैं।

और जिनके अपराध पर सोच-विचार चल रहा है, उन बेचारों ने सच पूछिए तो भगवान् के बारे में कोई बात नहीं कही है। उन्होंने तो केवल इतना ही कहा है कि यह धरती सूरज के चारों ओर घूमती है।

लेकिन खुलकर यह कहने से धर्म पर ऐसी क्या आँच आती है कि अदालत बैठाने की जरूरत आ पड़े! यह कोई अनहोनी बात तो नहीं, न ही कोई अटकलबाज़ी है। यह तो सोलह आने सच बात है। लिखा-पढ़ी में इसे साबित किया जा सकता है।

अजीब-सी बात है!

बात सचमुच अजीब-सी है, लेकिन इस दुनिया में ऐसी बातें भी कभी-कभी सुनी जाती हैं।

इस मामले के जो अपराधी हैं, वे बूढ़े आदमी हैं—बहुत बूढ़े, अड़सठ साल की उम्र। वैज्ञानिक हैं। नाम है गैलीलियो।

बात इटली की राजधानी रोम शहर की है। सन् 1632 का ज़माना। और जो इस मामले के बड़े न्यायाधीश हैं, वे हैं ईसाइयों के धर्म-गुरु, जिन्हें पोप कहते हैं।

उन दिनों पोप की बेहद धाक थी। और तो और, राजा तक को उनका आदेश मानना पड़ता था।

पोप का कहना था, धर्म के खिलाफ़ कोई कुछ भी कह नहीं सकता, कुछ भी कर नहीं सकता। जो कहे या करेगा, उसे सज़ा भोगनी पड़ेगी।

इसी के विचार के लिए समय-समय पर पण्डे-पुरोहितों का दल बैठा करता था। कहीं किसी ने धर्म के विरुद्ध क्या कुछ कहा है? कहा है तो उसे दण्ड देना पड़ेगा। ऐसे फैसले भी उस तरह के नहीं होते जैसे आम अदालतों में हुआ करते हैं। यह उनसे अलग ढंग का फैसला है। इसे कहते हैं 'इनक्विज़ीशन'।

इस फैसले में दी जाने वाली सज़ा भी कुछ हल्की-फुल्की नहीं होती। अपराध करने वाले को या तो जलाकर मार डाला जाता, या उसे आम रास्ते पर फाँसी दे दी जाती, या कोड़ों की मार से खाल उधेड़कर जान ले ली

जाती। केवल तलवार से गरदन काटने की मनाही थी, इसलिए कि उनकी पोथियों में लहू बहाना पाप लिखा है।

ईसाइयों के पोथी-पुराणों के अनुसार सूरज ही शायद धरती के चारों ओर घूमता है। भला उन पोथियों का लिखा कभी झूठ हो सकता है?

पोप की अदालत में गैलीलियो का इतना ही अपराध था कि उन्होंने अपनी आँखों-देखी सचाई को माना था। इन गलत बातों को उन्होंने स्वीकार नहीं किया, जो पुरानी पोथियों में भूल से या अनुमान से लिखी गई हैं।

गैलीलियो से कुछ दिन पहले कोपरनिकस नाम के एक वैज्ञानिक ने यही कहना चाहा था। तरह-तरह के विवरणों के बल पर उन्होंने यह साबित कर दिखाने की कोशिश की थी कि असल में यह धरती ही सूरज के चारों ओर घूमती है। ईसाई महन्तों ने कहा, यह हरगिज़ सच नहीं है, क्योंकि पोथी-पुराणों में ऐसा नहीं लिखा है। ऐसी बात कोई ज़बान पर नहीं ला सकता। इधर गैलीलियो ने आकाश देखने का एक यंत्र बनाया। उस यंत्र के सहारे उन्होंने देखा कि कोपरनिकस ने जो कहा था वही ठीक है। निडर

अपने हाथों से बनाई दूरबीन से गैलीलियो कवि मिल्टन को आसमान दिखा रहे हैं।

होकर इस सच्ची बात को उन्होंने किताब में भी लिख दिया। बस्स, फिर क्या था, सारे-के-सारे पण्डे गुस्से से पागल हो उठे। बेचारे गैलीलियो को पकड़ मँगवाया गया।

कहते हैं, गैलीलियो पर बेतरह जुल्म ढाये गए। उन्हें बुरी तरह सताया गया। घुटने टेककर उन्हें यह कहने को लाचार किया गया कि मैंने जो लिखा है, वह भूल है। मैंने यह अपराध किया है।

और फिर शायद खड़े होते ही उन्होंने कहा था, सच यही है कि पृथ्वी ही सूरज के चारों ओर घूमती है।

इस ढिठाई के लिए बूढ़े गैलीलियो को ज़िन्दगी के बाकी दिन कैद में काटने पड़े थे। तो भी उन्होंने अपनी बात नहीं बदली।

सचाई के साधक गैलीलियो को प्रणाम है कि उन्होंने सीना तानकर अन्याय का सामना किया, पर ढोंग और झूठ के आगे सचाई पर आँच नहीं आने दी।

आखिर मन का ऐसा बल, इतना बड़ा साहस उन्हें कहाँ मिला कि उस बुढ़ापे के सुख-चैन से हाथ धोया, पर सत्य को नहीं छोड़ा?

गैलीलियो का वह बल था अपनी आँखों-देखे सत्य का बल।

आज की दूरबीन। गैलीलियो की दूरबीन से कितनी अलग है!

आकाश की ओर ताकने भर से ही क्या उसकी सारी बातें देखी-जानी

जा सकती हैं? फिर गैलीलियो ने अपनी आँखों से इस भेद को किस तरह देख लिया?

आँखें तो उनके भी दो ही थीं, लेकिन बहुत-बहुत दिनों की मेहनत और सूझ के ज़रिए उन्होंने एक तीसरी आँख पाई थी। वह तीसरी आँख और कुछ नहीं, एक यंत्र था। उसका नाम है–

टेलिस्कोप

अपनी भाषा में हम इसे दूरबीन कहते हैं। आज इसकी बदौलत धरती के किसी एक कोने में बैठकर आदमी तारों और ग्रहों के विशाल जगत् के सारे भेद खोल रहा है। यह दूरबीन नाम की अनमोल चीज़ लोगों के हाथों में सबसे पहले गैलीलियो ने ही दी थी। उन्होंने ही उसे अपने हाथों बनाया था और पहले-पहल उन्होंने उससे अपार आकाश का भेद जानने की कोशिश की थी। गैलीलियो की बनाई हुई दूरबीन और आज की दूरबीन में बड़ा फ़र्क़

यह है चाँद का पहाड़। इसे दूरबीन से देखना पड़ता है।

है, जैसा आसमान-ज़मीन का फ़र्क़। जैसा फ़र्क़ घोड़े से खींची जाने वाली

तब की ट्रामगाड़ी और बिजली से चलने वाली अब की मेट्रो में है। बल्कि इससे भी ज़्यादा। आज की दूरबीन के क्या कहने ! उसकी करामात बढ़ गई है! उससे तस्वीरें खींची जा सकती हैं, दूर-दूर के तारों से आने वाली रोशनी को अलग-अलग किया जा सकता है। आज की करामाती दूरबीन से ठीक-ठीक काम लिया जा सके, इसके लिए लोगों ने खास तरह की इमारतें बनवाई हैं। दूरबीन की इन इमारतों को 'आब्ज़रवेटरी' कहते हैं।

आइए, इस दूरबीन को राह दिखाने का भार सौंपकर हम आसमान के विशाल राज्य में प्रवेश करें !

सौर-मण्डल

सूरज

इतना बड़ा नक्षत्र! उसके भीतर ठोस कहने को कुछ भी नहीं। जो कुछ भी है जलती हुई गैस है। गैस का वही गोला हमारा सूरज है।

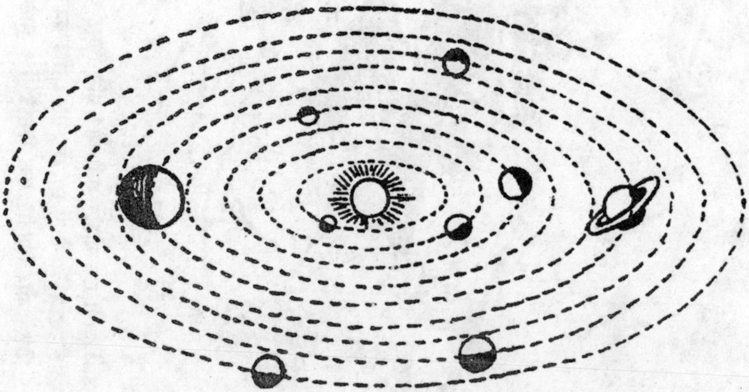

सौर-मण्डल। बीच में है सूरज। जो सूरज के सबसे समीप है, वह है बुध। उसके बाद शुक्र, शुक्र के बाद धरती, धरती के बाद मंगल, मंगल के बाद ग्रहों का राजा बृहस्पति, उसके बाद शनि, शनि के बाद यूरेनस, उसके बाद नेपचून और सबसे आखिर में प्लूटो।

तेज का भण्डार है सूरज। उसका तेज रोशनी की तरंग होकर रह-रहकर शून्य में छिटका पड़ता है और वही रोशनी हमारी आँखों में आ पहुँचती है। उसी रोशनी से हम अपनी धरती को पहचानते हैं, सूरज को भी।

सूरज बहुत बड़ा है, बहुत-बहुत बड़ा। किन्तु कितना बड़ा आख़िर?

पचास साल पहले कोई मेलगाड़ी कितनी तेज़ दौड़ सकती थी? प्रति मिनट एक मील। होड़ में दौड़ने वाली आज की कोई तेज़ मोटर? प्रति भिनट छः मील। हवाई जहाज़? घण्टे में छः सौ मील। तोप का गोला किस तेजी से छूटता है? तीन सेकण्ड में एक मील। और रोशनी? एक सेकण्ड में 1 लाख 86 हजार मील !

हिसाब लगाकर यह जाना गया है कि ऐसी तेरह लाख पृथ्वियाँ उसकी गोद में मज़े से आ सकती हैं।

फिर क्या बात है कि हम उसे एक छोटी थाली से ज़्यादा बड़ा नहीं देखते? क्योंकि वह हमारी धरती से बहुत दूर है—बहुत दूर, कोई नौ करोड़ तीस लाख मील दूर।

किन्तु इन आँकड़ों का यह हिसाब सहज ही समझ में नहीं आने का। एक लाख मील की दूरी क्या हो सकती है, साफ़-साफ़ इतना समझना भी कठिन है। सो इसे एक अलग तरह से समझने की कोशिश की जाए।

बत्ती जलाने लगा कि उँगली ज़रा जल गई। जलते ही मैं जान गया कि उँगली जल गई है। भला यह कैसे जान गया? जानकारों का कहना है कि हमारे शरीर में बारीक सूत-सी महीन-महीन स्नायु नाम की एक चीज़ होती है। बिजली के तारों के रास्ते जैसे ख़बर जाती है वैसे ही उँगली की नोक से इस स्नायु के ज़रिये जल जाने की खबर दिमाग़ तक पहुँच गई। दिमाग़ को ख़बर हुई कि मैं जान गया।

स्नायु के सहारे ख़बर किस रफ़्तार से चलती है, इसका भी हिसाब है—प्रति सेकण्ड एक सौ फुट। ज़रा देर को ऐसा मान लिया जाए कि एक

सूरज से उठती रहने वाली आग की लपलपाती लपट, जैसे कोई शरारती बालक हो। कभी-कभी यह लपट आसमान में तीन-चार लाख मील तक ऊपर उठ जाती है।

बहुत बड़ा दानव है। बढ़ाने पर उसका हाथ धरती से सूरज तक पहुँच सकता है। मगर उसका हाथ कितना ही मज़बूत क्यों न हो, सूरज को छूते ही जल जाएगा। और तब उसके इस जलने की ख़बर को स्नायु द्वारा दिमाग़ तक पहुँचने में पूरे एक सौ साठ साल लगेंगे। लेकिन इतने दिन तक वह दानव ज़िन्दा भी रहेगा ? नहीं न ! सो उसका हाथ जलकर चाहे राख ही हो जाए, उसे इसकी खबर नहीं होगी।

इससे अनुमान किया जा सकता है कि सूरज हमारी धरती से कितनी दूर है, जब प्रति सेकण्ड सौ फुट की गति से दौड़ने वाली किसी खबर को वहाँ से यहाँ तक आने में एक सौ साठ साल का समय लग जाता है!

अच्छा है कि सूरज इतनी दूर है! गरमियों में जब ताप सौ डिग्री से कुछ ज़्यादा बढ़ जाता है, तो भारी हाय-तोबा मच जाती है; न जाने कितने लोग लू की लपटों में आकर जान गँवा बैठते हैं! जब इतने ही ताप में यह हाल है, तो दस हज़ार डिग्री की गरमी में आदमी राख के सिवाय और क्या रह जाता! हिसाब से ऐसा जाना जा सका है कि सूरज की गरमी कम-से-कम दस हज़ार डिग्री है।

लेकिन यह भी अच्छा ही है कि सूरज गरम है। हमारी ज़िन्दगी उसके ताप से ही कायम है। पेड़-पौधे, कीड़े-मकोड़े, पशु-पक्षी, आदमी, सब सूरज के ताप से ही जीवित हैं। हम सभी को सारी ही ताकत किसी-न-किसी रूप में सूरज से ही मिली हुई है।

इतना ज़रूर है कि सूरज की कुल गरमी का बहुत ही छोटा-सा भाग धरती के हिस्से पड़ता है। बाकी सारा-का-सारा आसमान में इधर-उधर बिखर जाता है। इसे एक मनगढ़न्त हिसाब से ही समझने की कोशिश की जाए। पूरे साल-भर में सूरज का जितना ताप होता है अगर उसका दाम दो सौ करोड़ रुपये हो, तो साल-भर में धरती के हिस्से में कुल एक रुपया आयेगा।

यों तो धरती सूरज का चक्कर काटा करती है, पर सूरज खुद भी स्थिर नहीं है। वह भी हरदम लट्टू की तरह घूमता ही रहता है। और घूमता भी अकेले नहीं, है, अपने चारों ओर नौ ग्रहों को घुमाता रहता है। ये नौ ग्रह हैं—बुध (मर्करी), शुक्र (वीनस), पृथ्वी, मंगल (मार्स), वृहस्पति (जुपिटर), शनि (सैटर्न), यूरेनस, नेपचून और प्लूटो। इस ओर-छोरहीन शून्य में इन नौ को मिलाकर सूरज का परिवार है। उस परिवार को सौर-मण्डल कहा जाता है।

यह इतनी बहादुरी कौन दिखा रहे हैं यहाँ? जो भी हों चाहे, कितना दूध उन्होंने पिया है कि कलाई में इतनी ताकत है उनके? दूध जरूर गाय का है। गाय घास-पत्ते खाकर दूध देती है। घास-पत्ते सूरज के ताप से बनते हैं। इस तरह सभी ताकतों की जड़ में सूरज है।

सूरज एक जलती और खौलती हुई गैस का गोला है, यह कहा जा चुका है। वह गैस हर घड़ी सूरज में आग की आँधियाँ उठाया करती है। उन आँधियों के ख़ौफ़नाक झोंकों से लम्बी-लम्बी लपलपाती लपटें निकला करती हैं। ऐसी लपटें कभी-कभी सूरज से तीन-तीन, चार-चार लाख मील ऊपर तक उठ जाया करती हैं। लेकिन उठने को वे चाहे जितना ऊँचे उठ जाएँ, फिर वापस लौट आना पड़ता है। आखिर सूरज में मध्याकर्षण का खिंचाव भी तो है !

ग्रहों की कहानी

ये नौ ग्रह बिना चूके, बिना रुके, हरदम सूरज के चारों ओर चक्कर काटा करते हैं। इनके घूमने की राह का घेरा अण्डाकार है। एक बात और भी ध्यान देने की है—ये पश्चिम से पूरब को घूमा करते हैं।

सूरज के सबसे ज़्यादा पास बुध है। सूरज से इसकी दूरी केवल तीन करोड़ मील की है। सूरजमुखी फूल के समान उसकी एक पीठ सदा सूरज की ही ओर झुकी रहती है। दूसरी पीठ न खत्म होने वाली रात के घने अँधेरे

से ढकी रहती है।

चिड़चिड़े स्वभाव के, गरम मिज़ाज के आदमी जैसे किसी को देखते ही झल्ला उठते हैं, वैसे ही सूरज के ज़्यादा नज़दीक रहने के कारण बुध का पारा हमेशा चढ़ा ही रहता है। मजाल नहीं कि कोई जीव-जन्तु उसके पास फटके! हवा तक नहीं फटकती तो जीव-जन्तु कहाँ! हवा की खास आदत है कि गरमी बढ़ी और वह उड़ भागने को तैयार हो गई। कहीं देखा ज़रूर होगा कि आग लगने पर हवा किस कदर भाग-दौड़ शुरू कर देती है। चूँकि बुध सूरज के बहुत करीब है, इसलिए उसकी गरमी भी बेहिसाब है। उस गरमी में और किसी के बचने की तो क्या बात, हवा भी नहीं टिक पाती।

बुध के बाद वाली राह शुक्र की है। यह ग्रह हम लोगों का जाना-पहचाना है। साल में कुछ दिन तक सूरज के डूब जाने पर हम इसे पश्चिम में देखा करते हैं। तब इसे कहते हैं, सन्ध्या-तारा। साल के एक और समय, सूरज उगने से पहले यह हमें पूरब में उगा दीखता है। तब इसे कहते हैं—भुरकवा या शुक्रतारा। शुक्र को हम तारा कहते तो हैं, पर यह तारा नहीं, ग्रह है। शुक्र के चारों ओर गाढ़े मेघों का एक परदा-सा पड़ा है। उस परदे के पीछे क्या है, इस बारे में अब तक खास कुछ नहीं जाना जा सका है।

शुक्र में जीव-जन्तु का वास है क्या? कहाँ से होगा भला? ऑक्सीजन के बिना कोई भी जीव जी नहीं सकता, और शुक्र में ऑक्सीजन लगभग है ही नहीं। हाँ, वहाँ कार्बन-डाइऑक्साइड गैस काफ़ी है। वैज्ञानिकों का कहना है, किसी दिन वहाँ जीवों का जन्म हो भी सकता है। शुरू-शुरू में धरती में भी ऑक्सीजन नहीं के बराबर थी, कार्बन-डाइऑक्साइड गैस ही ज्यादा थी। पेड़-पौधों की बदौलत यहाँ ऑक्सीजन की पूँजी आगे चलकर काफ़ी बड़ी हो गई।

शुक्र के बाद पड़ती है पृथ्वी, जिसकी चर्चा आगे की जाएगी। पृथ्वी के उस पार है मंगल। लाल रंग का यही ग्रह पृथ्वी के सबसे निकट है। मंगल में जीता-जागता भी कुछ है या नहीं, इस सवाल पर वैज्ञानिकों में कई तरह की बातें चलती रहती हैं। धरती पर जैसी नहरें हैं, मंगल में भी वैसी नहरें हैं। लेकिन वे नहरें धरती जैसी टेढ़ी-मेढ़ी नहीं हैं—बिलकुल सीधी हैं। गरमी के दिनों में जब बरफ़ पिघलती है तो नहरें लबालब भर जाती हैं। नहरों के सीधी होने से बहुतों का ख़याल है कि वहाँ आदमी ज़रूर हैं। आदमी

के बिना वैसी सीधी नहरें तैयार किसने कीं? लेकिन कुछ लोग इस बात को नहीं मानते। उनकी राय में दरअसल वे नहरें सीधी नहीं हैं, आँखों की चूक से वे सीधी दिखाई पड़ती हैं।

मंगल को पीछे छोड़कर दूरबीन से आँखें जब आगे बढ़ती हैं तो राह में दपदप करती हुई अनगिनत टुकड़ियाँ दिखाई देती हैं। कहते हैं, वे शायद टूटे हुए ग्रहों के जमाव हैं। हैं तो वे ग्रह ही, मगर चूँकि वे छोटे हैं, इसलिए उन्हें कहते हैं ग्रहिका।

उन बहुत ही छोटे ग्रहों की दुनिया से दूर निकल जाने पर सबसे बड़े ग्रह वृहस्पति से भेंट होगी। वृहस्पति ग्रहों का राजा है। हमारे यहाँ पुराणों में वृहस्पति को देवताओं का गुरु कहा गया है—अर्थात् पके बालों वाला कोई बूढ़ा पंडित। इस बुढ़ापे के ही कारण शायद यह ग्रह एकबारगी ठण्डा पड़ गया है। अगर किसी दिन कोई वहाँ पहुँच जाए, तो रोते-रोते उसकी गत बन जाएगी, क्योंकि वृहस्पति के शरीर में एमोनिया गैस भरी है। यह गैस रुलाती है।

वृहस्पति के बाद शनि की बारी है। इसकी शक्ल-सूरत कुछ ऐसी बनी है कि देखे बिना रहा नहीं जा सकता। इसके चारों ओर कोई चीज़ हरदम घूमती रहती है, जो देखने में तीन लड़ी की माला-सी है। असल में यह कुछ छोटी चीज़ों की जमी परतों का पहिया है।

अब तक जिन छह ग्रहों से जान-पहचान हुई, वे आँखों से भी देखे जा सकते हैं। किन्तु इसके बाद यूरेनस है, जिसे बग़ैर दूरबीन के नहीं देखा जा सकता।

यूरेनस की छानबीन करते हुए नेपचून का पता चला। फिर कोई सत्तर-पछत्तर साल पहले एक और ग्रह की खबर लगी। उसका नाम है प्लूटो।

इस तरह हमें कुल मिलाकर आठ ग्रहों का परिचय मिला। बाकी रह गई पृथ्वी।

जितने भी ग्रह हैं, सब सूरज से पैदा हुए हैं। ये और कुछ नहीं, सूरज के शरीर के एक-एक अंश हैं। कोई बड़ा है, तो कोई छोटा। इन सबकी बनावट में कम या ज़्यादा वही चीज़ें हैं, जिनसे कि सूरज बना है। किसी ग्रह की वे चीज़ें अभी भी जलती-उबलती हुई हैं और किसी-किसी की ठण्डी

होकर जम गई हैं।

सूरज से जिस तरह ग्रहों का जन्म हुआ, उसी तरह सूरज के आसपास घूमने वाले ग्रहों से उपग्रहों की पैदाइश हुई। हमारी पृथ्वी ग्रह है, चाँद उसका उपग्रह। सभी ग्रहों के उपग्रह नहीं हैं। मंगल के दो हैं, वृहस्पति के ग्यारह, शनि के नौ, यूरेनस के पाँच, नेपचून का एक और पृथ्वी का भी केवल एक--चन्द्रमा।

धरती के समान और भी किसी ग्रह में जीवन है क्या? सिर्फ मंगल में ही जीवन के होने-न-होने का विवाद वैज्ञानिकों में चल रहा है। अन्य सभी ग्रहों के बारे में सबकी एक राय है कि किसी जीव के जीने के लिए जिस हद तक गरमी और हवा में ऑक्सीजन की ज़रूरत है, वह किसी दूसरे ग्रह में नहीं है। लेकिन ऐसी उम्मीद है कि बहुत-बहुत दिन बाद कभी शुक्र ग्रह में जीवों का जन्म संभव हो भी सकता है।

नक्षत्र-मण्डल

यह छोटा-सा खेत, और मैं खड़ा अकेला।
उसे घेरकर लहराते पानी का रेला।
और खेत के उस पार मेघों की धुन्ध से ढका हुआ एक छोटा-सा गाँव।

नकली आसमान : आसमान की छानबीन करने वाले वैज्ञानिक किसी बड़े हॉल में इसी तरह का बनावटी आकाश बनाकर ग्रह-तारों के हाल जानने की कोशिश करते हैं। इसे प्लैनेटेरियम कहते हैं। सिनेमा या टीवी के परदे पर जैसे तस्वीरें उभर आती हैं, वैसे ही इसमें एक बहुत बड़े गोल गुम्बद की भीतरी दीवार में ग्रह-नक्षत्रों की तस्वीरें दिखाई पड़ती हैं।

अगर छूमन्तर के ज़ोर से अपनी नज़र की दौड़ को उसके आगे और कुछ मीलों तक बढ़ाया जा सकता, तो और क्या-क्या नज़र आता? चारों

ओर पानी की उमड़ती हुई बाढ़, कहीं-कहीं टापू-जैसे कोई-कोई गाँव तैरते हुए; कहीं खेत और कहीं ऊँचे पेड़ों का झुंड।

आकाश के बारे में भी ऐसी ही बात है।

सूरज एक नक्षत्र है। लेकिन वही एक अकेला नक्षत्र नहीं। इस शून्य में, जिसका आर है न पार, वैसे अनगिनत नक्षत्रों का मेला लगा है। उनका एक-एक दल आसमान के एक-एक स्थान में अड्डा लगाए बैठा है। उन सबका मिला-जुला नाम है नक्षत्र-मण्डल। बड़े शहरों का आकाश भी मानो मुहल्ले-मुहल्ले में बँटा रहता है। अलग-अलग मुहल्ले में अलग-अलग नक्षत्र-मण्डल ने अपना बसेरा बाँध रखा है। कहीं ये आपस में बहुत सटे-सटे हैं, कहीं दूर-दूर। किसी-किसी नक्षत्र को बिल्कुल अलग रहना पसन्द है, जैसे कि हमारे सूरज को। कोई-कोई दो नक्षत्र हिल-मिलकर रहते हैं। उन्हें जुड़वाँ

सर्दियों में निर्मल और खचाखच तारों से भरे आकाश की दक्षिण दिशा की ओर मुँह करके देखिए कि उन तारों को ऐसी मनगढ़न्त रेखाओं से जोड़-जोड़कर ऐसी शक्लें बनाई जा सकती हैं या नहीं !

नक्षत्र कह सकते हैं।

हरएक की शक्ल-सूरत भी अलग-अलग। देखने में कोई माला-जैसा है, कोई भालू-जैसा और कोई अंग्रेज़ी के डब्लू अक्षर जैसा। एक उनमें से ऐसा है कि अगर अपने मन से लकीर खींचकर उसे जोड़ा जाए तो एक धनुषधारी आदमी की शक्ल का हो जाता है। इसे काल-पुरुष कहते हैं।

और, इनकी रोशनी की भी कैसी छटा है! कोई जगमग जलता है, कोई टिमटिम। किसी की रोशनी है दप्दप् सफ़ेद और किसी की लाली लिए हुए। किसी की रोशनी नियम से घटती-बढ़ती रहती है और कोई दप् से एकाएक जल उठता है। किसी की चमक धीरे-धीरे बुझती जा रही है और कोई रोशनी की अपनी सारी पूँजी गँवाकर सदा के लिए बुझ ही गया है।

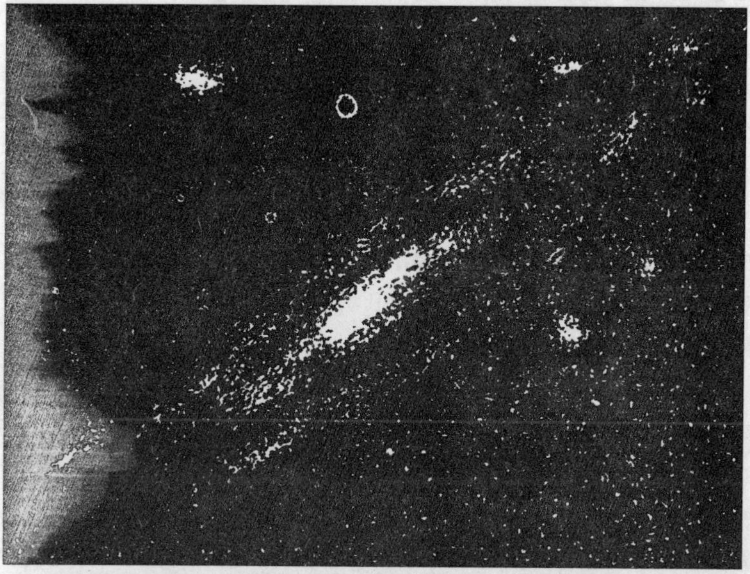

यह है नीहारिका, विश्वकर्मा का कारखाना। जलती हुई गैस आसमान में तैर रही है। कभी इसी गैस से शायद और भी कितने ही ग्रह-नक्षत्रों का जन्म होगा।

आसमान में इनके सिवाय और भी कुछ चीज़ें नज़र आती हैं। थोड़े में उनके बारे में भी जान लिया जाए।

रात में नक्षत्रों पर पोत दी गई रोशनी-जैसी जो कुछ छोटी-बड़ी चीज़ें

नज़र आती हैं, उन्हें नीहारिका कहते हैं। यों नीहारिका के बारे में जानने की बातें बहुतेरी हैं लेकिन अभी इतना जानना ही काफी है कि ये हल्की गैस के बादल हैं।

अमावस की अँधेरी रात में आसमान के एक छोर से दूसरे छोर को जोड़ती हुई कोई साफ़-सफ़ेद माला-सी बिखरी दिखाई पड़ती है। यह छायापथ है। ग़ौर से देखने पर पता चलता है, आकाश में जितने भी तारे हैं, सब इसी छायापथ के आसपास आ जुटे हैं। यों छायापथ आधा गोल दिखाई पड़ता है, पर है वह पूरा गोल। धरती की दूसरी पीठ से उसका बाकी हिस्सा दिखाई दे सकता है।

और ये हज़रत हैं धूमकेतु। धूमकेतु का अर्थ हुआ धुएँ की पताका। इनकी पताका खूब हलकी धूल की बनी है। ये सूरज के पास पहुँचे नहीं कि रोशनी के झटके से इनकी पताका बिखर जाती है।

ये धूमकेतु बड़े नाजुक होते हैं, शायद इसीलिए कि इनका शरीर बहुत हल्की धूल का बना होता है। क्या सूरज और क्या ग्रह, जो भी इसे अपने समीप पाता है, इस पर अपना ज़ोर आज़मा लेता है। दूसरों के दबाव से इसका शरीर टूट-टूट पड़ता है और बेचारे की ज़िन्दगी ही ख़त्म हो जाती है। मगर मरकर भी छुटकारा नहीं मिलता। समीप आते ही धरती उसकी लाश को ऐसा झटका देती है कि हवा से रगड़ खाकर वह जलने लगती है। इस जलती लाश को उल्का कहते हैं। यानी उल्का मरे हुए धूमकेतु का जलता हुआ शरीर है।

यह तस्वीर एक धूमकेतु की है। इसकी दुम 20 करोड़ मील लम्बी है। सन् 1843 में राह भूलकर यह सूरज के मुहल्ले में घुस आया था।

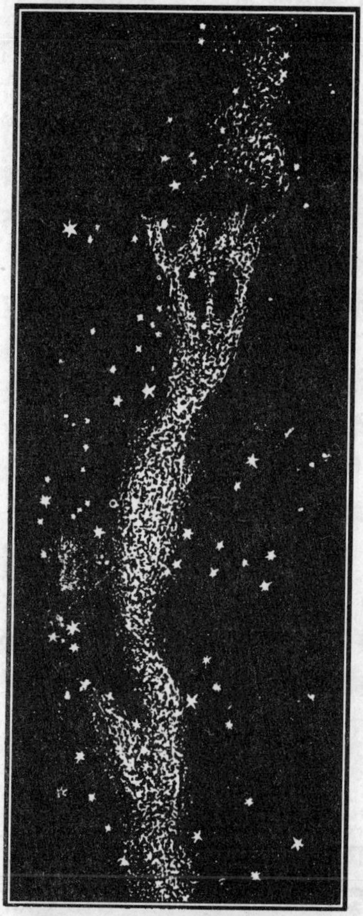

छायापथ : अमावस की अँधेरी रात में आसमान के एक से दूसरे छोर तक सफेद जोत का कोई हार-सा बिखरा पड़ा दिखाई देता है। उसी के आसपास अनगिनत तारों की भीड़ लगी दीखती है।

पेंसिल की लम्बाई कितनी होगी? चार-छः इंच। आदमी कितने लम्बे होते हैं? पाँच या छः फुट। रेल से कलकत्ता और बम्बई की दूरी क्या होगी? 1223 मील।

लेकिन आकाश की दूरी भी अगर इसी नाप से नापी जाए तो पार नहीं पाया जा सकता। धरती से सूरज की दूरी नौ करोड़ तीस लाख मील है, परन्तु हमारे सूरज से एण्ड्रोमिडा नाम की नीहारिका कितनी दूर है? मील के नाप से यह नापते नहीं बन सकता। इसके लिए किसी दूसरी नाप की जरूरत है। इन बातों की खोज करने वालों ने जो नाप निकाली है उसे आलोक वर्ष या 'लाइट इयर' कहते हैं। इस आलोक-वर्ष के क्या अर्थ हुए?

मान लिया जाए, खेलकूद की एक होड़ लगी है। उस होड़ में आदमी ही नहीं, सभी वस्तुओं को भी शामिल होने की छूट है। ऐसे में जब दौड़ होगी, तो कौन पहले आएगा? दौड़ में नम्बर एक हो जाएगी रोशनी। दौड़ने में कोई उसकी बराबरी नहीं कर सकता। वह एक सेकण्ड में एक लाख छियासी हज़ार मील दौड़ सकती है। इस रफ्तार से एक मिनट, एक घण्टा, एक दिन, एक मास और एक साल में वह कितना दौड़ जाएगी? 1 लाख 86 हज़ार मील×60×60×24×365 मील। गुणा करते-करते दिमाग की नसें दुखने लगेंगी। वैज्ञानिकों ने इसलिए सुदूर आकाश को नापने की एक

सहज नाप निकाली है, जिसका नाम आलोक-वर्ष है। आलोक-वर्ष का मतलब ही हुआ कि रोशनी साल-भर में जितनी दूर चलती है, उतनी दूर। उतनी दूर, यानी 365×24×60×60× 186000 मील। एण्ड्रोमिडा नाम की जो नीहारिका है, उसकी रोशनी को यहाँ आने में नौ लाख साल लग जाते हैं। इसे और आसानी से यों कहा जाएगा—एण्ड्रोमिडा नौ लाख आलोक-वर्ष दूर है। कहना कितना सहज हो जाता है! यह कहना कैसा लगता कि एण्ड्रोमिडा 900000×365×60× 60×24×186000 मील दूर है।

एक मज़े की बात बताएँ! बहुत सारी बातों की जानकारी हमें इसलिए होती है कि रोशनी हमारी आँखों तक आ पहुँचती है। सूरज का उगना हम देखते हैं। इसका मतलब यह होता है कि रोशनी आकर हमें सूरज की ख़बर देती है। सूरज से धरती तक पहुँचने में रोशनी को कोई आठ मिनट बीस सेकण्ड का समय लग जाता है। यानी कि सूरज का उगना हम उसके उगने के आठ मिनट बीस सेकंड बाद ही जान और देख पाते हैं।

ख़याल को ज़रा और दूर दौड़ाया जाए। एण्ड्रोमिडा की बात लें। वहाँ बैठकर आज अगर कोई हमारी दुनिया को देखे तो वह क्या देखेगा? वही बात, वही झाँकियाँ, जो यहाँ नौ लाख साल पहले गुज़र चुकी हैं, क्योंकि वहाँ जो रोशनी आज पहुँची है, वह यहाँ से नौ लाख साल पहले रवाना हुई थी। इसलिए इतने दिनों की बासी खबर के सिवाय वहाँ और क्या पहुँचेगा!

अब दूर आसमान से नीचे भी उतरना है। अब तक जिनसे हमारी जान-पहचान होती रही, वे हमारे बहुत दूर के पड़ोसी हैं। उनकी शक्ल-सूरत, साज-पोशाक, चाल-ढाल, सब कौतूहल पैदा करने वाले हैं। किन्तु जो आकाश का होते हुए भी हमारे सगे-सम्बन्धी-सा, घर का हो गया है, वह चन्द्रमा है। उसे हम चन्दामामा कहते हैं। चाँद पर इतनी लोरियाँ हैं, इतने गीत और कविताएँ हैं कि कोई हद-हिसाब नहीं! कोई सुन्दर मुखड़ा देखते ही हम कह देते हैं, चाँद जैसा मुखड़ा।

दूरबीन से देखने पर पता चलता है, सचमुच चाँद उतना खूबसूरत नहीं है जितनी कि उसकी धूम है। उसके तमाम बदन में बरफ़ से लदे टेढ़े-मेढ़े, ऊबड़-खाबड़ पहाड़ भरे पड़े हैं। मीलों लम्बी खाइयाँ और बड़े-बड़े खन्दक

हैं। ये सारे खन्दक उन ज्वालामुखियों के मुँह हैं, जो अब भभककर ठण्डे पड़ गए हैं। वे खन्दक सिर्फ राख से पटे हुए हैं।

चाँद की हालत बुध से मिलती-जुलती है। वहाँ एक बूँद पानी नहीं, हवा नहीं। इसीलिए और कोई चीज़ भी वहाँ नहीं है। वह सरदी, अँधेरा और नींद का देश है।

हवा-पानी न होने से वहाँ कोई जीवन नहीं है। लेकिन हवा-पानी होने ही से क्या वहाँ जीवन होने की गुंजाइश होती? यहाँ माघ की हड्डी छेदने वाली ठंडी रातों में रजाई में लिपटे पड़े हम जब सुबह की बेचैनी से राह देखते हैं, तब सूरज निकलता है। इसी तरह दिमाग पिघलाने वाली चिलचिलाती धूप गरमियों में जैसे ही ढल जाती है; मीठी मन्द बयार से जी जुड़ा जाता है। यह इसलिए होता है कि हमारी धरती पर दिन और रात का फ़ासला सिर्फ़ दस-बारह घंटों का है। लेकिन चाँद में दिन है तो पन्द्रह दिन तक लगातार दिन ही दिन है—ऐसी तेज़ धूप की सारा पानी खलबल खौलने लगे। फिर रात है तो पन्द्रह दिन की लम्बी रात—ऐसी करारी सरदी कि नदी-तालाब जमकर बरफ़। हमारे यहाँ दिन-रात चौबीस घण्टों के हैं, चाँद में तीस दिन के।

ऐसे देश में कोई क्या खाकर जिए!

मगर इसके बावजूद चाँद सुन्दर है। उसमें और चाहे जो भी हो, उसकी मीठी जोत से किसकी आँखें नहीं जुड़ातीं? मगर उसकी खोटी तकदीर का क्या कहा जाए, यह जोत भी उसकी निज की नहीं है। कहिए, उधार की रोशनी है। सूरज की किरणें जब चाँद से टकराकर छिटक पड़ती हैं, तो हम उसे चाँदनी कहते हैं।

चाँद की एक पीठ सदा सूरज की ही ओर घूमी रहती है। मावस-पूनो का अँधेरा-उजाला इसीलिए होता है। चाँद के जिस हिस्से पर सूरज की जोत पड़ती है, वह हिस्सा केवल पूनम के ही दिन धरती की ओर मुड़ा रहता है। यही कारण है कि उस दिन हम चाँद को पूरा गोल देख पाते हैं। इसका उलटा होता है अमावस के दिन। उस दिन चाँद का रोशनी पड़ने वाला हिस्सा धरती की तरफ़ से मुँह फेरे रहता है। सो उस रात हमें चाँद नहीं दिखाई देता। धरती पर वह रात अँधेरी रहती है।

शून्य से सूरज-ग्रहण की झाँकी। चाँद सूरज की सीध में आ खड़ा हुआ है। धरती के ऊपर गोल-सी जो जगह है, वह अँधेरी है। फिर भी वहाँ से सूरज का थोड़ा-बहुत भाग दिखाई पड़ता है। लेकिन घेरे के ठीक बीचों-बीच घटाटोप अँधेरा है।

कोलम्बस का नाम किसने नहीं सुना! अमरीका का पता उन्होंने ही लगाया था।

अमरीका में उन्हें क्या-क्या झंझट नहीं झेलने पड़े थे! एक बार ऐसा हुआ कि जहाज़ का सारा खाना चुक गया। अब लोग-बाग खाएँ तो क्या खाएँ? वहाँ के निवासियों से कुछ मिल सके तो जान बचे। इसके सिवाय

और क्या उपाय था! लेकिन वहाँ के लोग एक दाना भी देने को राज़ी न थे। गोरी चमड़ी वालों को वे फूटी आँखों भी नहीं देखना चाहते थे। कोलम्बस ने एक तरकीब निकाली। बोले, अगर तुम लोग खाने का सामान लाकर नहीं दोगे, तो मैं सूरज को बूझा दूँगा। उनका इतना कहना था कि ज़रा देर में सूरज बुझ भी गया। अब तो अमरीका वाले बहुत डर गए। ढेर-का-ढेर खाना लिए हुए आये। कोलम्बस ने कहा, खैर, तुम लोगों ने सूझबूझ का काम किया है। मैं सूरज को फिर जला देता हूँ। ज़रा देर बाद सूरज उग आया।

धरती पर अगर कोई 6 फुट ऊँची कुदान मार सकता है, तो चाँद पर वह 36 फुट ऊँचा कूद सकेगा। यह इसलिए कि चाँद से धरती पर खिंचाव 6 गुना ज्यादा है, यानी चाँद से धरती 6 गुना ज्यादा उसे अपनी ओर खींचती है।

आख़िर यह हुआ कैसे? असल में वह सूरज-ग्रहण था।

कोलम्बस को ग्रहण लगने का पता था। वैज्ञानिक लोग लेखे-जोखे से ग्रहण का घड़ी, घण्टा, पल, सब ठीक-ठीक बता सकते हैं।

मगर यह ग्रहण होता क्या है? सीधी भाषा में कहा जाए तो चाँद, सूरज और धरती की आँख-मिचौनी ही ग्रहण है। लेकिन सही बात यह है कि उस दिन चाँद सूरज और धरती के बीचों-बीच आ जाता है। हर अमावस को वह ठीक-ठीक बीच में नहीं रहता, कभी कुछ नीचे, कभी कुछ ऊपर रह जाता है। जिस अमावस को वह एकबारगी बीच में आ जाता है, उस दिन

सूरज ओट में पड़ जाता है। कभी तो सूरज पूरा-का-पूरा छिप जाता है और कभी उसका कोई हिस्सा ही छिपता है। यही सूरज-ग्रहण है। जब पूरा सूरज ढक जाता है, तब पूर्ण ग्रहण होता है।

चन्द्रमा में भी ग्रहण लगता है—पूर्णिमा की रात में। उस रात चाँद और सूरज के ठीक बीच में धरती खड़ी होती है। उस रात चाँद पर धरती की छाया पड़ती है। नतीजा यह होता है कि चाँद का चमकता चेहरा स्याह हो जाता है।

पृथ्वी की कहानी

बहुत विषयों पर सिनेमा की फिल्में बनती हैं। लेकिन धरती की कहानी पर कोई फिल्म नहीं बनाता। हमारी यह धरती न जाने कितने करोड़ वर्षों की पुरानी है। इसकी छाती पर रंग, जोत और जीवन की विविधताओं का अन्त नहीं। सो समझ लीजिए कि हमने धरती की कहानी लेकर एक तस्वीर बनाई।

एक-एक करके सारी बत्तियाँ बुझ गईं। परदे पर उग आई अन्तहीन शून्य की परछाई। उस शून्य में हमारा सूरज और सूरज-जैसे बहुतेरे चमकते हुए नक्षत्र चक्कर काटते हुए दिखाई दिए। उनकी चमक-दमक और रंग-रवैये की पूछिए नहीं! एक-एक नक्षत्र मानो दहकती आग का एक-एक गोला हो!

यह झाँकी बदलती है। अचानक एक दूसरा नक्षत्र प्रलय की चाल से सूरज की ओर दौड़ता दिखाई देता है। उसमें इस ग़ज़ब का खिंचाव है कि देखते-ही-देखते सूरज का जलती हुई गैस का शरीर फूल-फूल उठता है और

उस तनाव को न सह पाने के कारण सूरज का एक हिस्सा टूटकर छिटक जाता है। शक्ल हो जाती है परवल-जैसी—नोकदार दोनों किनारे, पेट मोटा। लेकिन उस झपट्टाबाज़ नक्षत्र की फिर वहाँ सूरत न दिखाई दी। पता नहीं इतने ही में वह कहाँ निकल भागा। सूरज का जो हिस्सा छिटका वह सूरज के ही चारों ओर ज़ोरों से चक्कर काटने लगा। घूमते-घूमते उसके नौ टुकड़े हो गए। कहना फ़िज़ूल होगा कि यही नौ टुकड़े सूरज के नौ ग्रह हैं।

इन ग्रहों की परछाईं धुँधली होती हुई परदे से ग़ायब हो जाती है और तब केवल हमारी धरती तेज़ प्रकाश लिए दिखाई देने लगती है—उसके निहायत बचपन के दिनों की झाँकी।

बचपन के दिन भी उसके कैसे नटखटपन के बीते हैं! अभी-अभी वह सूरज के शरीर को फोड़कर बाहर आई है, इसलिए वह भी एक उबलती हुई गैस का गोला ही है। उसमें जो भी है, सब गैस की ही शक्ल में है। पिघला हुआ भी कुछ नहीं है। फिर कुछ जमा हुआ हो, यह सवाल ही कहाँ उठता है!

ताप बिखेरना हर गरम चीज़ का स्वभाव होता है। ताप बिखेरते-बिखेरते अन्त में वह ठण्डी पड़ जाती है।

धरती की ऊपरी सतह की गैस भी ठण्डी पड़ने लगी। ऐसे समय उसकी छटपटाहट और बेचैनी का क्या कहा जाए! कोई मुश्किल सवाल हल होते-होते रह जाए और पन्ने-के-पन्ने कटकर बरबाद होते चले जाएँ, इसमें जो बेकली और तड़प किसी को हो सकती है, ठीक वही। गैस का चोला बदलकर लेते-लेते भी वह नया रूप नहीं ले पा रही थी। केवल तोड़-फोड़, काट-छाँट, उलट-पुलट! कभी तो एक अगम-अगाध खाई निकल आई और फिर उसी में अनेक आकाश-चूमते पहाड़ों ने सर उठाया। पहाड़ों की गुफाओं में लपलपाती लपटें निकलने लगीं। फिर वे पहाड़ दुबक गए; वहाँ महादेश हो गया। इस तरह होते-करते एक दिन धरती की ऊपरी सतह ठण्डी हो गई। ठण्डी होकर सिकुड़ने भी लगी, जैसे गरम दूध पर पड़ी मलाई सिकुड़ती है। लेकिन धरती के भीतर वैसी ही भयंकर गरमी उस समय भी बनी रही। पहले से कुछ ठण्ड ज़रूर पड़ने लगी, लेकिन इतनी ठण्ड नहीं हो सकी कि कुछ जम सके। वह तब भी खलबल खौलती ही रही और कभी-कभी धरती की जमी परत को चीरकर बलबलाकर, पिघली आग बाहर निकलती रही।

गाढ़ी बदलियों से धरती घिरी रही। घनघोर अँधेरा। वैसे बादल और अँधेरे को फाड़कर सूरज की रोशनी का आना मुश्किल था।

इसके बाद लग गई झड़ी, झमाझम। पानी जो पड़ना शुरू हुआ तो थमने का नाम नहीं। बारिश और बारिश! पहले तो धरती की पीठ पर पानी रह ही नहीं सका। पड़ा नहीं कि भाप बनकर ग़ायब। अब भी धरती पर इतनी गरमी बाकी थी। धीरे-धीरे धरती की वह गरमी कम होती गई। पानी रुकने लगा। रुकते-रुकते खन्दक-खाई भर गईं, समुद्र बन गया, महासमुद्र बन गया। समुद्र बना, लेकिन गरम पानी का। उस समय कोई शौकीन अगर अपने जहाज़ से सैर को निकल पड़ता तो थोड़ी दूर तक जाते-जाते उसका जहाज़ जलकर राख हो जाता।

और इस तरह पृथ्वी पर उथल-पुथल होती रही, बनना-बिगड़ना चलता रहा, न जाने कितने दिन तक। दिन क्या, बरस, करोड़ों बरस तक। कोई ढेढ़ सौ करोड़ बरस इस तरह निकल गए।

परदे पर मिट्टी-पानी की मिली-जुली जो धरती अब दिखाई पड़ी, वह हमारी आज की धरती से बहुत हद तक मिलती-सी है। इतने अरसे में बहुत सारी गैस जल गई। उससे अनेक गढ़े भर गए और समुद्र लहराने लगा। उस गैस में आखिरकार था क्या? उसमें था लोहा, उसमें था निकल, उसमें थीं ऐसी ही जाने कितनी और चीज़ें। इन सब चीज़ों के मेल से बहुत-सी नई-नई चीज़ें बन गईं।

इस तरह गैसों का रूप बदल गया। कुछ तो गलकर पानी में मिल गईं, कुछ जमकर पानी पर तैरने लगीं। कुछ ऐसी भी रहीं, जो न तो जमीं, न पिघलीं। ऐसी गैस, गैस की ही शक्ल में धरती के चारों ओर घिरी रही। उस किस्म की गैस आज भी हमारी हवा में मौजूद है।

तस्वीर देखते हुए काफ़ी देर हो गई। अब परदे पर से आँखें हटा लें, नहीं तो आँखें थक जाएँगी, सिर दुखने लगेगा। अभी इतना ही रहे। काफ़ी-कुछ हम देख भी चुके।

इतना हम सभी जानते हैं कि धरती पर तीन हिस्सा पानी है और एक हिस्सा ज़मीन।

एक मज़े की बात बताएँ! एक ग्लोब लेकर उसे धीरे-धीरे घुमाते रहिए। यह भी सोचते जाइए कि धरती का तीन हिस्सा पानी है, एक हिस्सा ज़मीन। देखते-देखते तुरत पता चलेगा कि ज़मीन का जितना हिस्सा है, सब गोलाई के ऊपर की ओर जमा है और पानी का सारा हिस्सा नीचे की तरफ़ जा सिमटा है। ज़मीन जितनी है, ऊपर की ओर है और समन्दर जितना है, सब नीचे के आधे भाग में है।

एक और भी बात देखने में आएगी। वह यह कि जितने भी महादेश हैं, सबका निचला हिस्सा पतला होता हुआ समन्दर में जा घुसा है।

चाहें तो एक और मज़ेदार बात देख लीजिए ! ग्लोब के हर ज़मीन वाले हिस्से के ठीक पीछे कोई-न-कोई पानी का हिस्सा ज़रूर है। उत्तर अमरीका के पीछे क्या है? हिंद महासागर। और प्रशान्त महासागर के ठीक उस पार क्या है? यूरोप और एशिया महादेश। इसके अर्थ यही हुए कि पृथ्वी के जिस ओर गढ़ा है, उसकी उलटी पीठ पर भराव है।

आइए, अपनी धरती के बारे में और भी छानबीन की जाए !

यह धरती पानी और ज़मीन की बनी है। ज़मीन का मामूली मतलब है मिट्टी। कोई और सोचकर कहेगा तो कह सकता है मिट्टी और पत्थर। मगर वैज्ञानिक लोग इतने ही से खुश नहीं होंगे। उनका कहना है, धरती की ज़मीन तीन तरह की शिलाओं से बनी है। आप पूछ सकते हैं, पत्थर और शिला में आख़िर कौन-सा फ़र्क़ हुआ ? ले-देकर मतलब तो दोनों का एक ही है !

नहीं, दोनों में फ़र्क़ है। आख़िर ये वैज्ञानिक लोग बच्चों का खिलवाड़ तो करते नहीं ! उनके सामने एक-एक शब्द का गिना-चुना अर्थ है। इस हिसाब से वे न चलें तो उनका काम ही आगे नहीं बढ़ सकता। पत्थर कहने से हमारी समझ में ऐसी कोई चीज़ आती है जो कि कड़ी और वज़नदार हो।

लेकिन वैज्ञानिक लोग कहते हैं, यह कोई बात नहीं कि शिला हर समय कड़ी और भारी ही हो। नरम और हल्की शिलाएँ भी तो होती हैं।

इस तरह, वे कहते हैं, धरती की ज़मीन तीन तरह की शिलाओं से बनी

है—परतनुमा शिला, अगन शिला और बदली हुई शिला।

मगर ये शिलाएँ आख़िर हैं क्या बला? इनमें है क्या?

संसार के बाहर की कोई चीज़ भी क्या उनमें हो सकती है? जिन 29 पदार्थों से इस धरती का शरीर बना है, किसी-न-किसी रूप में वही सब इनमें हैं। कहीं अपनी मूल शक्ल में तो कहीं मिल-जुलकर। इन्हीं पदार्थों ने शिला की ये परतें बनाई हैं।

तीन शिलाओं की अपनी-अपनी जन्म-कहानी है। परतनुमा शिला का जन्म हुआ पानी से। नदी की धारा अपने वेग से बहुत-कुछ को सागर तक बहा ले जाती है, जैसे मिट्टी, पहाड़ के टूटे हुए पत्थर के टुकड़े और चूरा, बालू। इनमें जो कुछ भारी हैं वे पहले और जो उनसे हल्के हैं वे उनके बाद कुछ आगे बढ़कर एक क्रम से बैठ जाते हैं। इस तरह उनकी एक सहज परत-सी पड़ जाती है। उस पर दूसरी, फिर तीसरी और फिर चौथी परत-पर-परत पड़ती चली जाती हैं। बार-बार ऊपर से पड़ने वाली नई परतों के दबाव और पानी में घुले तेज़ाबों के प्रभाव से नीचे की परतें जमकर शिला बन जाती हैं। इस तरह की बनी परत परतनुमा शिला कहलाती है।

इन्हीं परतों में धरती के बीते दिनों का इतिहास बिखरा पड़ा है। ये परतनुमा शिलाएँ मानो महाकाल की घड़ियाँ हैं। जब धरती पर मनुष्य पैदा नहीं हुए थे, तब धरती के किस हिस्से की जलवायु कैसी थी, कहाँ कैसे जीव-जानवर बसते थे, इन सारी बातों की जानकारी इन्हीं परतों से होती है।

अगनशिलाओं से धरती के बचपन की बातें जानी जाती हैं—उस समय की बातें, जबकि रात-दिन धरती के पेट में से गरम और गली हुई गैस की लपलपाती लपटें रह-रहकर बाहर आकर जम गई और अगनशिला बनीं।

हमारे देश भारत का सारा निचला हिस्सा, समूचा दक्खिनी भाग, ऐसी ही अगनशिलाओं का बना है।

मूल रूप में शिलाएँ यही दो तरह की हैं—परतनुमा और अगनशिला। पानी, ताप और दबाव से जब इनकी शक्ल में कुछ हेर-फेर हो जाता है, तो उसे हम बदलती हुई शिला कहते हैं।

टीन के कनस्तरों में घी बिकता है। भरे हुए टीन में घी कैसा है, इसकी पहचान कैसे की जाती है? समझदार लोग उसमें ऊपर से नीचे तक एक लम्बी सींक डाल देते हैं। उसी सींक को ऊपर खींचकर घी का स्वाद, गन्ध, बढ़िया-घटिया, सब पता लगा लेते हैं।

धरती के भीतर क्या है, यह देखने के लिए भी वैसे ही कोई सींक चाहिए। लेकिन सींक खूब मज़बूत हो, तेज़ धार वाली और नोकदार हो और काफ़ी लम्बी हो। उसमें मील के निशान भी लगे हों।

उस सींक को एक बार धरती के गहरे पेट में नीचे तक डालकर ऊपर खींच लें तो हम पाएँगे कि उसमें गला हुआ गरम लोहा और निकल लगा हुआ है। यही दो धातुएँ सबसे ज़्यादा वज़नी हैं। सबसे ज़्यादा भारी होने के कारण वे एकबारगी नीचे जा पड़ी हैं। अगर हम धरती को एक गुठलीदार फल मान लें, तो उसकी गुठली यह लोहा और निकल ही होंगे। फ़र्क़ इतना ही होगा कि वह गुठली होगी पिघली हुई।

बनावट में यह गुठली गेंद-सी गोल है, जिसका घेरा है चार हज़ार मील।

इस गुठली पर जो पहली परत है, उसे बैरिस्फियर कहते हैं। इसकी गहराई दो हज़ार मील है। इसमें लोहा, निकल तथा अन्य भी कई तरह की शिलाएँ हैं। इस परत की गरमी का कुछ ठिकाना नहीं है; बेहद गरम है! लेकिन गरम होते हुए भी ऊपर की परतों के भारी दबाव से ये शिलाएँ तह में जम गई हैं।

इसके बाद की परत ज़्यादा गहरी नहीं है। वह कई चीज़ों की मिलावट से बनी है।

इसके ऊपर वाली परत का नाम है लिथोस्फियर। लिथो का मतलब है शिला, यानी इसे शिलामय परत कह सकते हैं। इस परत की गहराई 25 से 30 मील की होगी। वैज्ञानिकों का कहना है, जब लोहा-निकल-जैसी वज़नी चीज़ें तह में नीचे बैठने लगीं, तो उनसे हल्की चीज़ें जम-जमकर ऊपर तिर आने लगीं। यह शिलामय परत जो है, वह उन्हीं हल्की शिलाओं में बनी है। इस परत की दो और उप-परतें भी हैं—पहली है लोहे की खान, दूसरी ग्रेनाइट शिला।

इसके बाद की परत पानी की है। नद, नदी, सागर, महासागर, यह सब जलमय परतें हैं। इनकी गहराई ढाई मील की है। धरती का कोई समुद्र

ज़्यादा गहरा है, कोई कम।

सबसे ऊपर वाली परत को हम वायुमण्डल कहते हैं। इसकी गहराई 200 मील है।

इतनी जानकारी के बाद भूकम्प का भेद जानना आसान होगा।

धरती का ऊपरी हिस्सा ठण्डा होकर शान्त हो गया है। लेकिन उसका भीतरी भाग? भीतर गली हुई बेहद गरम चीज़ें कैद हैं। पिटारे में बन्द साँप जैसे फुफकारता और बाहर निकल पड़ने को बार-बार गुस्से से फन मारता रहता है, वैसे ही अन्दर की कैद चीज़ें विद्रोही बनकर बार-बार बाहर निकलने की जी-तोड़ कोशिशें करती हैं। समय-समय पर जो तोड़-फोड़ करके बाहर निकल आती हैं, वही जमकर अगनशिला बनती हैं।

धरती के सब पहाड़ उम्र में समान नहीं हैं। बहुत-से ऐसे हैं, जिनकी उम्र बहुत ज़्यादा नहीं है; अभी भी वे उतने सख्त नहीं हो सके हैं।

प्रकृति की कारीगरी। पत्थर का अपने-आप बना द्वार।

धरती के अन्दर जो उथल-पुथल मची है, उसके दबाव को सह सकना कम उम्र वाले पहाड़ों के लिए कठिन है। मामूली दबाव से ही वे मुड़-झुक जाते हैं; और कहीं दबाव ज़रा ज़्यादा हुआ, तो फटकर चौचीर हो गए। चौचीर होकर भी वे उसी से चिपके रह जाते हैं। ऊपर से फिर कहीं दबाव

पड़ गया तो उसके वे बहुत बड़े-बड़े टुकड़े फिसल पड़ते हैं। उनके गिरने का ही नतीजा है कि धरती धक्के से हिल उठती है। धरती के इस तरह काँप उठने को भूकम्प कहते हैं।

ऐसी उथल-पुथल धरती की कितनी गहराई में चल रही है जिससे भूकम्प हो रहा है ? उस धक्के का ज़ोर कितना है ? उसका कम्पन कहाँ तक जाता है ? ये सारी बातें वैज्ञानिक लोग बता सकते हैं। यह जानने का उन्होंने एक यन्त्र बनाया है। उस यन्त्र को सिस्मोग्राफ कहते हैं।

बाढ़ से डूबी हुई उपत्यका

बरफ से बनी हुई उपत्यका

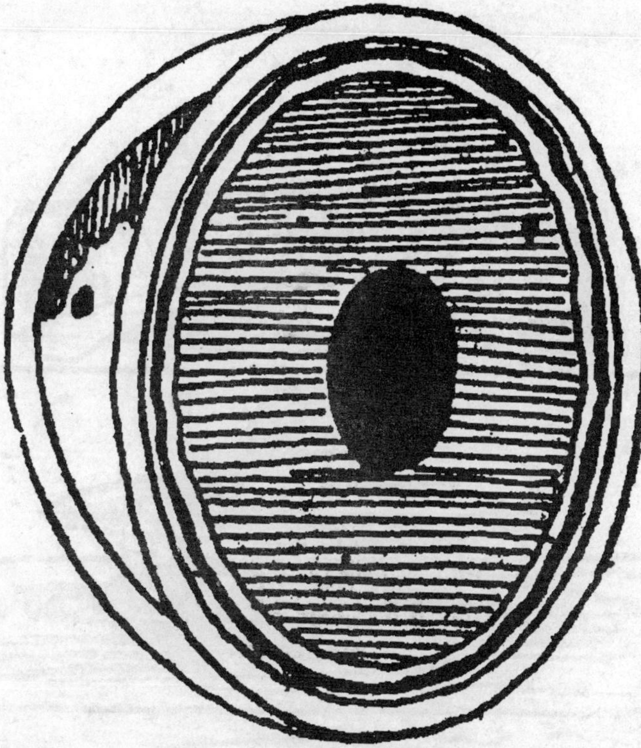

धरती को अगर नारंगी के समान बीचोंबीच काट दिया जाए तो? हम पाएँगे कि उसके अन्दर पिघला हुआ धातु है। उतने हिस्से का घेरा है चार हज़ार मील। तस्वीर में वह हिस्सा घना काला बनाकर दिखाया गया है। उसके बाद की परत लोहे और निकल की मिलावट से बनी है। यह परत दो हज़ार मील मोटी है। उसके बाद एक पतली-सी परत पार करके पत्थर की परत, कोई पच्चीस-तीस मील मोटी। उसके बाद पानी की परत, लगभग ढाई मील मोटी। सबसे ऊपर है वायु-मण्डल, लगभग दो-सौ मील का।

इसमें तीन अलग-अलग तस्वीरें हैं। तीनों में तीन देशों की वह कल्पना है, जो धरती के बारे में थी। पुराने बेबिलोनिया के विद्वानों का खयाल था कि धरती एक घर में बन्द पड़ी है। उस घर की दीवारें समुद्र में से खड़ी हुई हैं। घर की छत तारों-भरा आकाश है। पहली तस्वीर यही है। बीच की तस्वीर में मिस्र वालों की कल्पना का रूप है। समुद्र पर तैर रहा है कछुआ, कछुए की पीठ पर सवार हैं तीन हाथी और हाथियों की पीठ पर है धरती। निचली तस्वीर ग्रीक लोगों की कल्पना का रूप है। कोई पिचकी हुई थाली पानी पर तैर रही है।

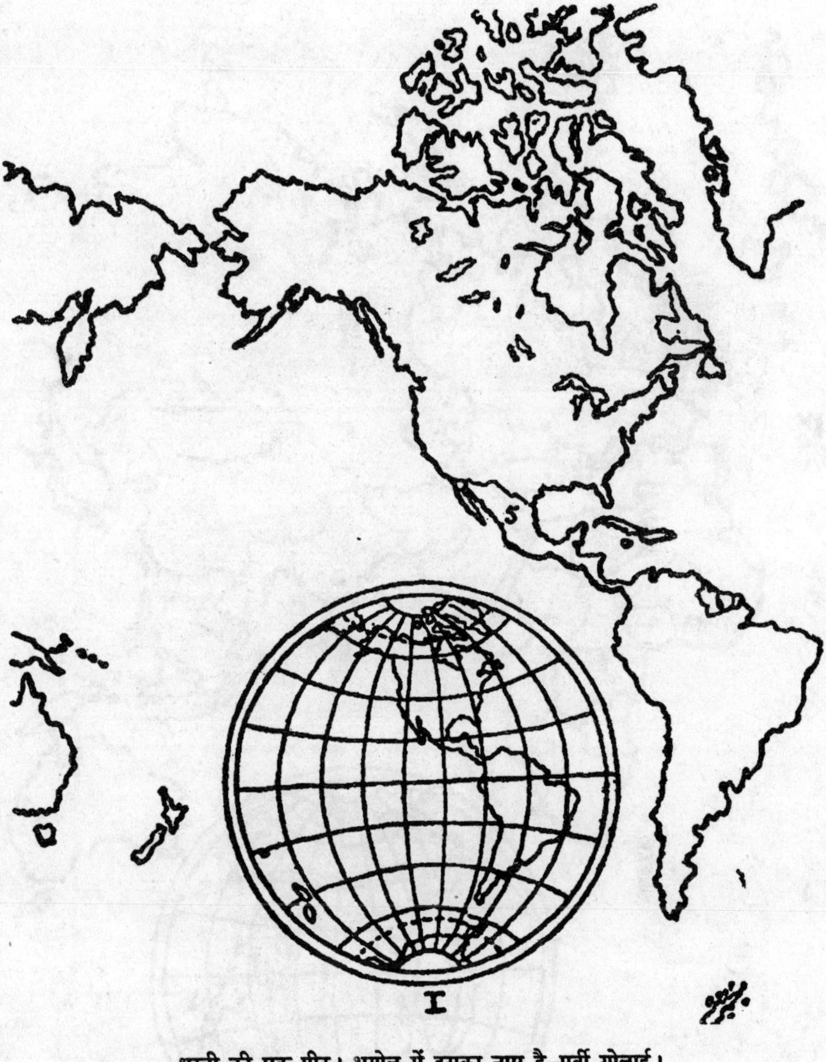

धरती की एक पीठ। भूगोल में इसका नाम है—पूर्वी गोलाई।

II

दूसरी पीठ। पश्चिमी गोलाई। आगे के पृष्ठों पर धरती के महादेशों के नक्शे हैं।

उत्तरी अमरीका

दक्षिणी अमरीका

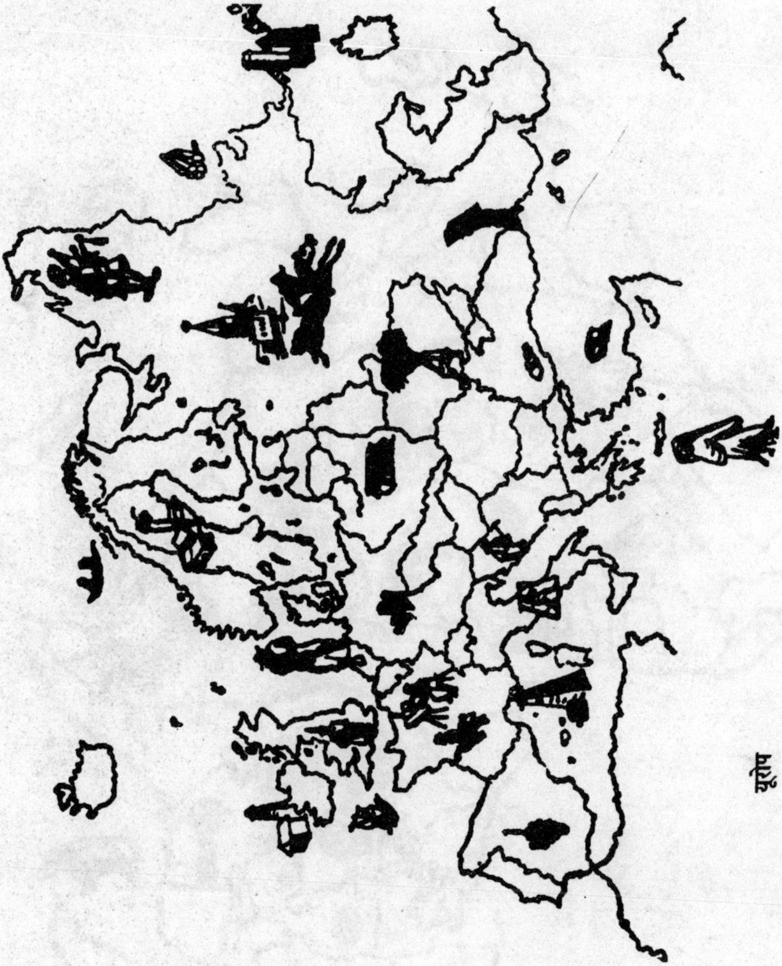

यूरोप

अफ्रीका

एशिया

आस्ट्रेलिया

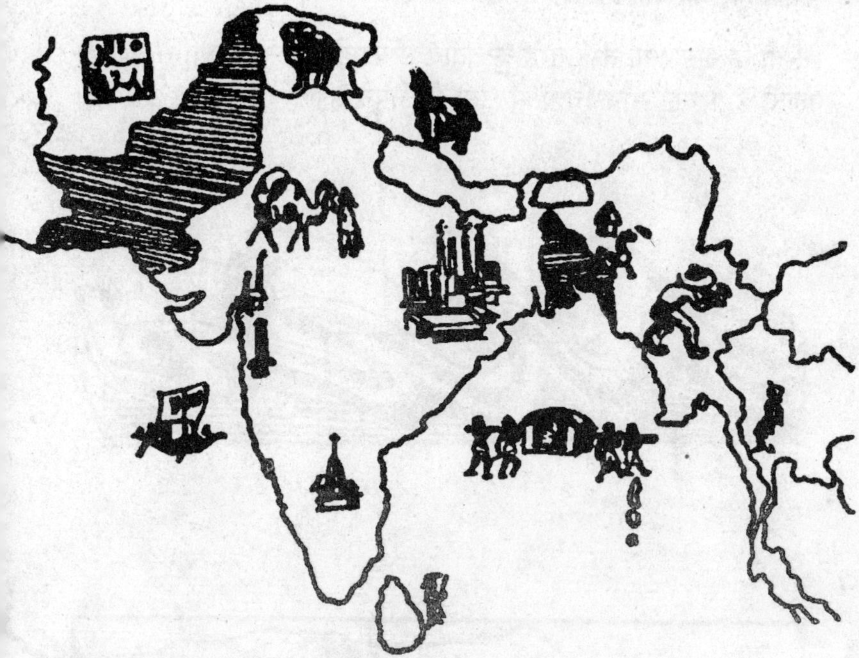

भारतवर्ष और पाकिस्तान। काली लकीरों वाला पाकिस्तान है।

शिलाओं की कहानी

धरती के अन्दर के तरह-तरह के दबाव से पहाड़ों की सूरत क्या-से-क्या हो जाती है ! यहाँ पाँच चित्रों में उसी के नमूने हैं।

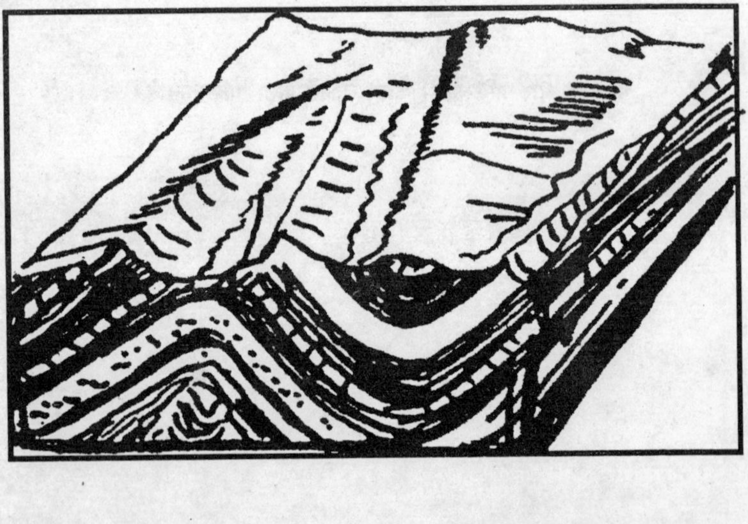

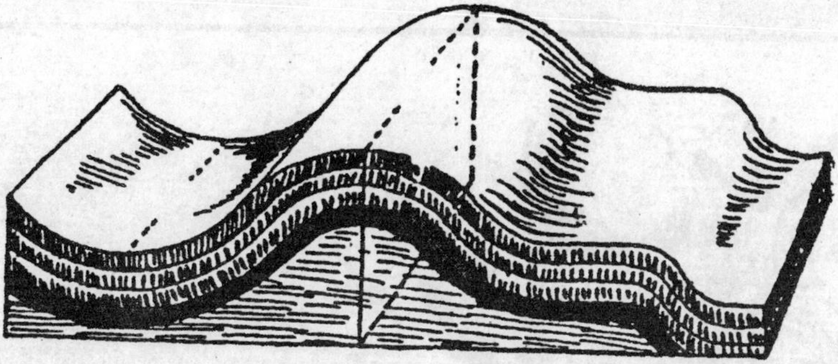

ज्वालामुखी : धरती के अन्दर से पिघले हुए धातु पहाड़ को तोड़-फोड़कर बाहर निकल रहे हैं। इसकी धमक से आसपास के पहाड़ टूट-टूट पड़ते हैं; धरती डोल उठती है। धरती के इसी डोलने का नाम भूकम्प है।

इस यंत्र का नाम है सिस्मोग्राफ़। इसे भूकम्पों का जासूस कह सकते हैं। दूर-से-दूर भी भूकम्प हो, तो भी इसके काँटे काँप उठते हैं।

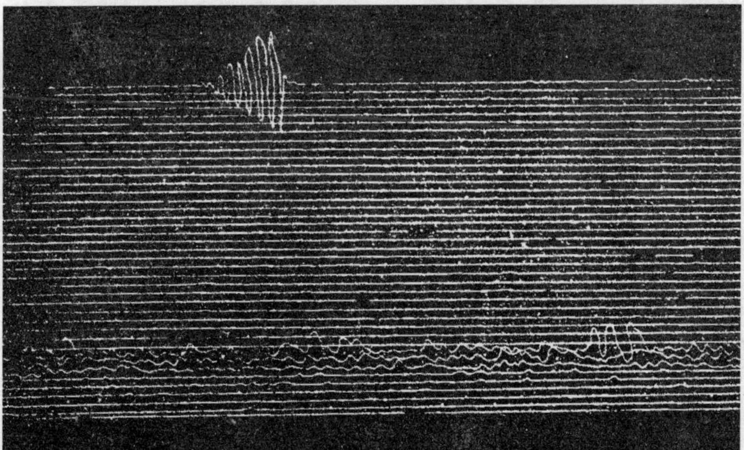

सिस्मोग्राफ़ के काँटे काँपते हैं तो उसमें लगे काग़ज़ पर कैसा क्या लिखा जाता है, इस तस्वीर में वही दिखाया गया है।

नदी चला करती है टेढ़ी-मेढ़ी–इस किनारे को तोड़ती, उसे जोड़ती। उसके इस खिलवाड़ से धरती की ऊपरी शक्ल बदल जाती है। नदी की पैदाइश है पहाड़ या झील से और वह लपककर बढ़ती है समुद्र की ओर। अपनी इस यात्रा में वह कंकड़, बालू, मिट्टी, और भी जाने क्या-क्या बहा ले जाती है। वे सारी चीज़ें समुद्र के मुँह पर जमा होती हैं, जिससे डेल्टा बनता है।

जीव की कहानी

यह सुन्दर धरती! महासागर, महादेश, टापू, पहाड़, समतल भूमि, अँधेरा-उजाला...कितनी फबती है! लेकिन...

लेकिन इसमें प्राण नहीं; प्राण की कोई निशानी नहीं। अब तक डेढ़ सौ करोड़ साल पुरानी जिस धरती को हम देखते रहे, उसकी सुन्दरता के क्या कहने, मगर प्राणहीन!

समुद्र को आदि-जननी कहा गया है, क्योंकि प्राण की पहली जन्मभूमि वही है। उसी के पेट से धरती का पहला प्राण पैदा हुआ।

प्राण का जन्म!

इतने बड़े अचरज की घटना कब और कैसे घटी, कोई नहीं जानता। विद्वानों का इतना अनुमान-भर है कि अनेक प्रकार के मूल पदार्थों की खिचड़ी होती रही। कभी वैसी ही किसी मिलावट से समुद्र में एक प्रकार की साफ़-सुथरी थल-थल-सी चीज़ बन आई। उसी का एक-एक बारीक कण पृथ्वी का पहला प्राण हुआ।

प्राण की पहचान क्या है? प्राण है और प्राण नहीं है--इन दोनों में फ़र्क़ क्या होता है?

प्राण मानो आय-व्यय का खाता है। वह शरीर की ताज़गी के लिए बराबर बाहर से खुराक जुटाने में लगा रहता है और दूसरी ओर से उसके शरीर की तन्दुरुस्ती घटती भी रहती है। आय और व्यय बढ़ना और घटना, प्राण की सबसे बड़ी पहचान यही है।

पृथ्वी के पहले प्राण-कण के शरीर में भी जमा-खर्च का वैसा ही हिसाब था।

विद्वानों ने इसके लिए जो एक शब्द कहा है, वह है प्रोटोप्लाज़्म। उनकी राय में धरती का प्रथम प्राण-कण प्रोटोप्लाज़्म का एक बूँद था।

यह प्रोटोप्लाज़्म कौन सी चीज़ हुई? असल में यही प्राणमय पदार्थ है। लेकिन यह प्राणी नहीं है, यद्यपि सभी प्राणियों का शरीर इसीसे बना है। और ज़्यादा खोज-पड़ताल से पता चलता है कि यह कार्बन, नाइट्रोजन आदि कई मूल पदार्थों की मिलावट है।

प्रोटोप्लाज़्म की बनी सबसे पतली और महीन जो देह है, उसका नाम है सेल। क्या छोटे और क्या बड़े, सभी जीवों का शरीर इन सेलों का बना होता है। बड़े-बड़े जीवों की देह में अनगिनत सेल होते हैं। एक-एक सेल एक ज़िन्दा जीव होता है।

सेल अंग्रेज़ी का शब्द है। हमारी भाषा में इसका मतलब होगा, दीवारों से घिरी तंग कोठरी। जैसी तंग कोठरी मजूरों की होती है। इस सेल का पता पहले-पहल सन् 1667 में हूक नाम के एक अंग्रेज़ को लगा था। वे माइक्रोस्कोप से पेड़-पौधों के शरीर की खोज-पड़ताल कर रहे थे।

माइक्रोस्कोप ऐसा यंत्र है, जिससे वे बारीक-से-बारीक चीज़ें देखी जा सकती हैं, जो आँखों की पकड़ में नहीं आतीं। इसे अपनी भाषा में हम अणु-दर्शक या अणुवीक्षण यन्त्र कहते हैं। पेड़-पौधों के सेल चौपहलू कोठरी-जैसे होते हैं, इसलिए हूक साहब ने उसका नाम सेल रख दिया। कहीं उन्होंने किसी जन्तु के शरीर की जाँच की होती, तो यह सेल उन्हें चौकोर नहीं मिलता। सेल भी तरह-तरह के होते हैं।

सभी प्राणियों का शरीर सेल से कैसे बना होता है? बड़े-बड़े शहरों में मजदूर का झोंपड़ीनुमा कमरा और बाबू का खुशनुमा बँगला पास-ही-पास होते हैं। उस कमरे और बँगले में ज़मीन-आसमान का फ़र्क़! फिर भी एक बात में दोनों की समानता है। दोनों का ढाँचा ईंटों से ही खड़ा हुआ है। खुशनुमा बँगला भी ईंट का, मजदूर की कोठरी भी ईंट की।

जीवों के बारे में भी यही बात है। सबकी शक्ल-सूरत, चेहरे-मोहरे अलग-अलग ज़रूर हैं, पर सबके शरीर एक-जैसे सेलों के ही होते हैं।

ये जो मुंशीजी हैं, मछली के बिना उनके मुँह में कौर नहीं घँसता। उनकी बीबी बेचारी, जैसे भी हो, जहाँ से भी हो, इतना इन्तज़ाम ज़रूर कर रखती है। आज ऐसा हुआ कि बिल्ली ताक में बैठी थी। ज़रा-सा मौका मिला और वह पकी-पकाई मछली चट कर गई।

यह मुंशीजी की बीबी, मछली और बिल्ली, तीनों तीन अलग-अलग जाति और आकार के जीव हैं। फिर भी तीनों की इस एक बात में समानता है कि उनके शरीर सेलों के बने हैं। संसार में छोटे-बड़े, जहाँ भी जो प्राणी हैं, उन सभी का शरीर सेल से बना है। किसी के शरीर में एक सेल है, तो किसी के दो और किसी के अनगिनत।

अच्छा, तो हम फिर पुराने दिनों की ओर लौट चलें ! अनेक प्रकार के मूल पदार्थों की मिलावट से प्रोटोप्लाज़्म बना।

प्रोटोप्लाज़्म का एक बूँद—पहला प्राण! धरती की पहली जीती-जागती चीज़। बहुत-बहुत ज़माने के बाद धीरे-धीरे मिला उसको सेल का रूप। एक सेल, एक जीव!

ऐसे नन्हे जीव सिवार-भरे तालाबों में आज भी पाए जाते हैं। इनका नाम है अमीबा। ये नीचे दरजे के जीव हैं। यहाँ तस्वीर में उनकी शक्ल बड़ी दिखाई गई है, जैसी माइक्रोस्कोप से दिखाई पड़ती है।

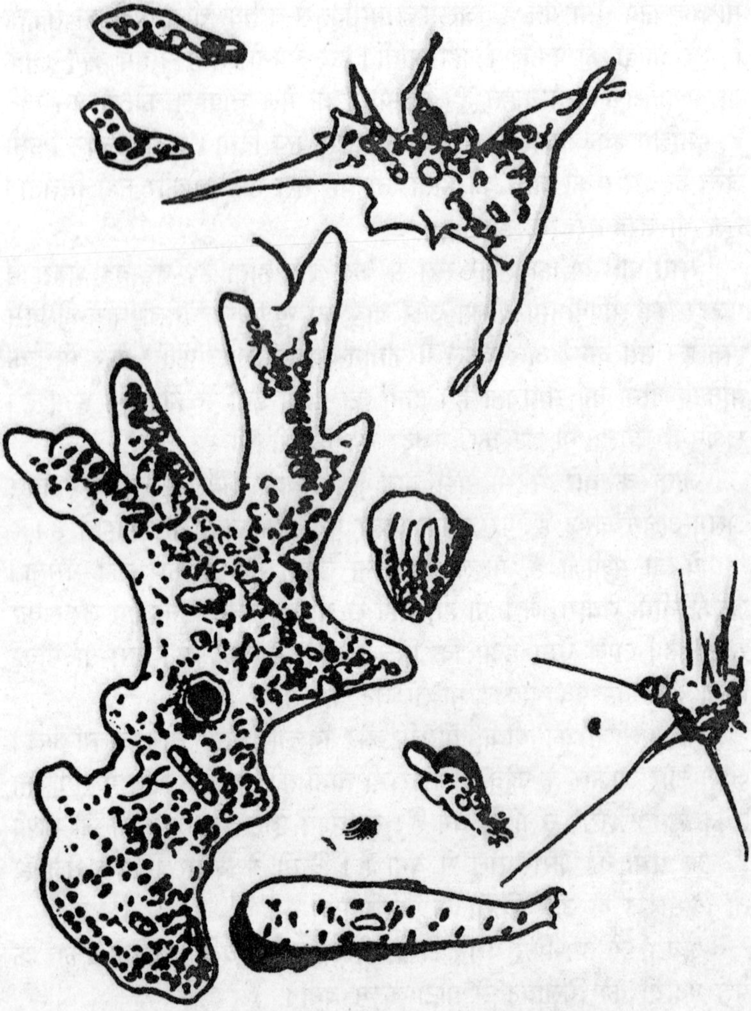

यह हैं अमीबा। तस्वीर में इन्हें बहुत बड़ा बनाकर दिखाया गया है।

मगर यह भी क्या जीव है! न तो इसके हाथ-पाँव हैं, न मुँह-आँख! फिर भी मज़े की बात है कि यह पाँव न होते हुए भी भोजन की ओर टूटता है और बिना मुँह के खाता भी है। और अगली तस्वीर में यह भी दिखाया गया है कि यह नन्हा-सा शरीर टूटकर किस तरह दो हो जाता है

और फिर उन टुकड़ों से भी दो-दो हो जाता है।

एक सेल का एक बहुत नन्हा-सा जीव होता है पैरामीसियम। इनकी एक खूबी है कि आज किसी कटोरे में एक को डाल दिया जाए तो सिर्फ़ सात दिन में कटोरे में वैसे कोई दस लाख जीव किलबिलाते मिलेंगे। सेल इसी तरह एक से दो, दो से चार, चार से आठ, यानी बराबर दुगुना होते-होते अपना वंश बढ़ाता रहता है।

सेल की बनावट और वंश बढ़ाने का ढंग ऐसा ही है। यही इस बात का सबूत है कि वे ज़िन्दा हैं। वे अपना बचाव करते हैं, खाकर शरीर को कायम रखते हैं और अपने शरीर में अपने-जैसे अनेक जीवों को जन्म देकर वंश बढ़ाते रहते हैं।

जीवन के दो सबसे बड़े काम हैं—अपना और वंश का बचाव। ये दोनों ही काम वे कर सकते हैं, इसलिए वे छोटे चाहे जितने ही हों, जीव ज़रूर हैं।

पहले युग में जीव कहे जाने वाले एक सेल वाले इसी एक किस्म के जीव थे।

उसके बाद लाखों-लाख, करोड़ों-करोड़ साल तक जीवों की दुनिया में लगातार परिवर्तन होते रहे। एक सेल वाले जीव से बहुत सेल वाले जीव आए। जीवों के शरीर में और-और अंग जुड़े, विविधता आई। नये-नये जीवों का जन्म हुआ। उनमें जलवायु में जीने के अनुकूल नये-नये अंग आए। ऐसे-ऐसे जीव पैदा हुए जो ज़्यादा अनुभव कर सकते हैं, जिनका दिमाग बहुत तेज़ दौड़ता है। और इस तरह जीवों की जययात्रा आगे को बढ़ती चली गई। इससे अधिक रोंगटे खड़ी करने वाली कहानी और नहीं मिल सकती।

जीवों की दुनिया में सबसे बड़ी रचना है मनुष्य, जिसने अपने दिमाग और बाहुबल से प्रकृति को अपनी मुट्ठी में कर लिया है और जिसे इस बात का अभिमान है कि हम पृथ्वी को जान सकते हैं, उसे बदल सकते हैं।

किन्तु जीव-जगत् की वृद्धि का यह सिलसिला कैसा है? कौनसा जीव दुनिया में पहले आया? कौन उसके बाद? और कौन उसके बाद? क्या इन सबमें आपसी कोई सम्बन्ध भी है? और, पहले और बाद में आने की जो

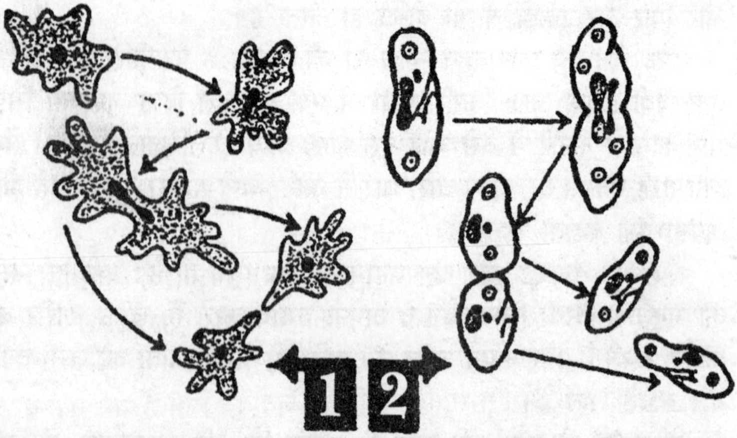

एक सेल किस तरह दो सेल बन जाता है, इसमें दो तरह के सेलों के नमूने से यही दिखाया गया है।

एक से दो, दो से चार, चार से आठ, इस तरह एक से बहुत-से सेल जन्म लेकर कैसी भीड़ लगा बैठे हैं !

कड़ी है, उसका कोई नियम है क्या?

इन बातों का जवाब कौन दे?

इसका एक जवाब तो धर्म की पोथी में है। ईसाइयों की बाइबल में लिखा है कि किसी एक शुभ दिन भगवान् ने सभी जाति के जीवों के नमूने बनाकर धरती पर रख दिए थे। उसमें एक जोड़ा मनुष्य का भी था, जिसके बाल-बच्चों से एक दिन यह दुनिया खचाखच भर गई।

हिन्दुओं के पोथी-पुराणों में भी एक जवाब मिलता है। घनघोर अँधेरे में ब्रह्मा का जन्म हुआ। वे तप करने को बैठ गए। तप के बल से उनके एक-एक अंग से एक-एक जीव का जन्म हुआ।

धर्म की ओर से इस सवाल के जितने जवाब मिलते हैं सब एक-से हैं। किसी अनोखे जादू से एक साथ सब-कुछ बन गया।

लेकिन विज्ञान का जवाब इसके बिलकुल उलटा है। विज्ञान के अनुसार यह सब-कुछ बनते-बनते बना है, बदलते-बदलते बना है; छूमन्तर से कुछ भी नहीं हुआ। ऐसा बनने में खास समय लगा है और बनते-बिगड़ते,

"हमारा यह ग्रह जैसे खिंचाव के बंधे हुए नियम के मुताबिक धीरे-धीरे बदलता-बनता जा रहा है, ठीक वैसी ही एक मामूली सूचना से सबसे सुन्दर और सबसे अचरज की अनेक सूरतें धीरे-धीरे बनीं, आज भी बनती चली जा रही हैं।"–चार्ल्स डार्विन

बिगड़ते-बनते ऐसा बन सका।

मगर हम लोग इन दो में से किसकी बात को मानें? तय है कि जिसकी ओर से पक्के सबूत मिलेंगे, उसी की बात मानेंगे। तो सबूत तो विज्ञान के पास हैं—ढेरों सबूत और पक्के!

जिन्होंने सबसे पहले इसके सबूत पेश किये, उनका नाम है डारविन। ''मेरा नाम चार्ल्स डारविन है। सन् 1809 में मेरा जन्म हुआ था। प्रत्येक वस्तु की छानबीन करने की मेरी आदत थी। एक बार जहाज़ से सारे संसार का चक्कर काट आया था। उसके बाद खोज-पड़ताल के काम में मैं डूब गया।''

किसी ने डारविन साहब के मुँह से उनकी जीवन-कहानी सुननी चाही थी। इस पर ऊपर की इन गिनी-गिनाई कुछ सतरों में उन्होंने अपना पूरा परिचय दिया था। मगर गिनी-चुनी इन्हीं कुछ बातों में डारविन के जीवन की सारी खूबियाँ समा गई हैं। इन सबका सार है खोज-पड़ताल और छानबीन की उनकी लगन।

स्कूली किताबों में डारविन का जी ज़रा भी न लगता। किताबें उन्हें वही पसन्द आती थीं, जिनमें जीव-जन्तु और कीड़े-मकोड़ों की कहानियाँ होतीं। वे जंगल में, खेतों में, नदी के किनारे घूमा करते। वहाँ से तरह-तरह के कीड़े-मकोड़े पकड़ लाते; उनकी एक-एक बात की छानबीन करते रहते कि वे करते क्या हैं, क्या खाते हैं, बच्चे कैसे जनते हैं, आदि-इत्यादि।

स्कूल की पढ़ाई खत्म हुई। पिता ने डॉक्टरी पढ़ने को भेजा। वहाँ भी उनका मन न रमा। लाचार, पिता भी क्या करें? बोले, 'पादरी हो जाओ। और क्या करोगे, लोगों को धर्म के उपदेश सुनाना।'

सच पूछिए तो उनका कॉलेज तो वह घास का मैदान था जहाँ भेड़ें चरती थीं। उनका कॉलेज था पेड़-पौधों, पंछियों, कीड़े-मकोड़ों के बीच। उनकी असली पढ़ाई तो प्रकृति के कॉलेज में चल रही थी। वे अपने मास्टर खुद आप ही थे।

उनकी तकदीर खुल गई इक्कीस साल की उमर में। बीगल नाम का एक जहाज़ संसार की सैर को चलने वाला था। उसके जाने का मतलब था--बनिज-व्यौपार के नये रास्ते ढूँढ़ निकालना। जहाज़ के कप्तान को साथ

में एक ऐसे आदमी की जरूरत महसूस हुई जो देश-विदेश की खास-खास बातें लिख लाए।

वह जहाज़ पूरे पाँच वर्ष तक समन्दरों की खाक छानता रहा। जब भी, जहाँ भी, जहाज़ किनारे लगे, डारविन चट उतर पड़ते और इस-उस चीज़ की छानबीन शुरू कर देते। एक-से-एक मज़ेदार बातें उन्हें देखने को मिलीं। उन्होंने देखा, पेड़ एक ही है, मगर अफ्रीका के पास के टापुओं में उसकी शक्ल और है, अमरीका के पास टापुओं में और। कहीं यह देखा कि जानवर तो एक ही हैं, पर आज जो ज़िन्दा डोलते-चलते हैं, बनावट में वे छोटे हैं, लेकिन मिट्टी के नीचे से उनकी हड्डियों की जो ठठरियाँ निकली हैं, वे बनावट में बड़ी हैं। इन बातों पर वे खूब-खूब सोचा करते। सोचा करते कि क्या इन सबमें कोई आपसी संबंध भी रहा है ?

एक जगह उन्हें किसी जानवर की ठठरी देखने को मिली। अजीब-सी थी वह। उसमें आज के बहुतेरे जीव-जानवरों की एक साथ समानता थी, जैसे कई जानवरों की बनावट एक ही में मिल गई हो। रेलों के जंकशन होते हैं। किसी जंकशन से कई लाइनें निकलकर इधर-उधर को जाती हैं। यह ठठरी मानो जन्तुओं का जंकशन रही हो, जिससे कई तरह के जानवर बनकर निकले हों और अपनी-अपनी राह लग गए हों।

ऐसी कोई भी खास बात डारविन की निगाहों से नहीं बच पाती। जो भी देखते, लिख लेते। इस तरह पन्ने-पर-पन्ने, रजिस्टर के बाद रजिस्टर भरते चले गए।

इन सारी बातों को देखकर और उन पर खूब विचार करते रहने से डारविन के मन में यह बात आई कि जीव-जगत् में कोई भी प्राणी दूसरे से बिलकुल अलग नहीं है, हरेक का दूसरे से कोई-न-कोई संबंध ज़रूर है। सभी जीव मानो किसी एक ही किताब के अलग-अलग पन्ने हों।

पूरे पाँच साल के बाद डारविन ढेरों रजिस्टर लिए जहाज़ से ज़मीन पर उतरे। उस समय जीव-जगत् की इनसे ज़्यादा जानकारी रखने वाला और कौन मिल सकता था? लेकिन उन्हें लगा, उतना जानना बहुत थोड़ा है, अभी और भी डूबकर देखने की ज़रूरत है। सीखने को अभी बहुत बाकी रह गया है। सो उन्होंने पेड़-पौधों और जीव-जन्तुओं के बारे में और भी डूबकर जाँच-पड़ताल शुरू कर दी। पूरे तेईस बरस तक इसी जाँच में लगे रहे।

कुछ जानने की सच्ची प्यास ऐसी ही होती है। यही कहलाती है लगन!

तेईस साल बाद उनकी किताब छपकर निकली और उसी दिन सब हाथों-हाथ बिक गई। सारे संसार में शोहरत मच गई। पादरी-पुरोहित तो डारविन पर आगबबूला हो उठे। उनके बिगड़ने की बात ही थी। बाइबल में लिखा है कि भगवान् ने जीवों को रातों-रात बनाया। मगर डारविन ने यह साबित कर दिखाया कि ये सब बेकार की बातें हैं। असल बात यह है कि एक सिलसिले से धीरे-धीरे यह सब-कुछ हुआ है, बनते-बनते बना है। अपने को कायम रखने के लिए प्रत्येक बार प्राणियों को एक-एक नया गुण, नई ताकत मिलती रही है, उनकी देह में समय-समय पर नये-नये अंग बनते रहे हैं। इस तरक्की की जड़ नये गुण, नया बल, नये अंग पाते रहना ही है।

इसे ज़रा और सुलझाकर कहा जाए।

मछलियाँ पानी में बसती हैं। वह पानी कहीं सूख जाए तो? या तो घुट-घुटकर उन्हें दम तोड़ना पड़ेगा या ज़िन्दा रहने के लिए सूखी ज़मीन पर शरण लेनी पड़ेगी। ज़मीन पर आ रहने से ही तो ज़िन्दा नहीं रहा जा सकता। ज़मीन पर साँस खींच सकने की ताकत होनी चाहिए। साँस खींच सकने के लिए फेफड़ों का होना ज़रूरी है। जिस किसी को भी साँस लेना-छोड़ना है, उसके लिए फेफड़ों का होना निहायत ज़रूरी है। जब सूखे की नौबत आई, तब जो मछलियाँ अपने लिए फेफड़े बना सकीं, वे तो रह गईं ज़िन्दा और जिनसे यह न बन पड़ा, उनका नामोनिशान मिट गया।

लेकिन ज़रूरत पड़ने पर जो इस तरह जी गईं, वे मछलियाँ न रहीं, बदल गईं।

कभी धरती पर बड़े-बड़े डरावने चेहरे वाले कुछ प्रकार के जानवरों का निवास था। उफ़्, कितना विशाल और भयावना शरीर था उनका! एक-एक का वज़न चार-चार, पाँच-पाँच सौ किलोग्राम! दुतल्ले मकान जितनी ऊँची थी गरदन उनकी। इन जानवरों का नाम था डाइनोसोर। आजकल धरती पर उनके कहीं दर्शन नहीं मिलते। बहुत-बहुत पहले ही उनका नामोनिशान मिट चुका है।

आखिर उनकी बुनियाद क्यों मिट गई? क्योंकि वे सब थे गरम और नम जलवायु के जीव। कभी एकाएक बड़ा हेरफेर हो गया। खाई-खन्दक,

नदी-नाले, समन्दर, सब सूख गए। ऊपर से उत्तरी हवा आई—नस के लहू तक को जमा देने वाली बरफीली हवा। उस हालत में जीने के लिए उसी लायक गुण और ताकत चाहिए थी। उस गुण और ताकत का करिश्मा ये डाइनोसोर नहीं दिखा पाए। लिहाज़ा इनका ख़ानदान एकबारगी ही धरती से उठ गया।

हर युग में धरती नये-नये मसले हल करने को रखती रही है। आज़माती रही है कि कितना ताप जीव सह सकते हैं ? सूखी बयार में टिक पाते हैं या नहीं ! जिन जीवों ने छाती तानकर उसका मुकाबला किया, वही जीव अपने को कायम रख सके हैं, नये हथियारों से होने वाले हमलों को रोका है। इस तरह वे बच ज़रूर गए हैं, मगर बदल गए हैं।

जो भी हो, इन बातों की सचाई के सबूत क्या हैं? मान लिया कि धर्म की बातें मनगढ़न्त हैं, लेकिन डारविन साहब ने जो कुछ कहा है, वह भी गढ़ी-गढ़ाई बातें नहीं हैं, इसी के कौनसे सबूत हैं?

सबूत इसके हैं—एक नहीं, अनेक।

अगर सबूत देखना है तो जीवों के आरम्भ की ओर ग़ौर करना पड़ेगा, जब वे माँ के पेट या अण्डे में होते हैं। क्या आदमी, क्या मेढक, क्या मुर्गी और क्या कुत्ते, उस हालत में सब देखने में मछली के बच्चे-जैसे होते हैं। फिर जैसे-जैसे वे बड़े होने लगते हैं, उनकी अपनी-अपनी खासियत निखरती आती है। तो इसके अर्थ यह हुए कि मछली से इन सबका सरोकार है।

यह भी देखने को मिलेगा कि आदमी के बच्चे जब माँ के गर्भ में रहते हैं, तो उनके भी बन्दर-जैसी दुम निकल आती है और बदन पर खरगोश के समान मुलायम रोएँ उग आते हैं। आखिर वह दुम आगे चली कहाँ जाती है? रोओं का क्या होता है? दुम गिर पड़ती है, रोएँ झर जाते हैं। दुम होने का एक सबूत-भर रह जाता है, रीढ़ के नीचे की सख्त हड्डी।

और सबूत चाहिए? फिर जीवों के ऊपरी ढाँचे को उतारकर उसकी भीतरी बनावट पर ध्यान देने की ज़रूरत है। मेढक, बन्दर और आदमी की ठठरियों पर ग़ौर कीजिए। तीनों में ज़्यादा कुछ फ़र्क़ नज़र आता है क्या?

और भी सबूत की ज़रूरत हो तो हाथ में कुदाली लेनी पड़ेगी, क्योंकि और जो प्रमाण हैं, वे पृथ्वी की परतों में हैं; काट-काटकर उन्हें देखना पड़ेगा।

विशाल डाइनोसोर की ठठरी जादूघर में देखने को मिल सकती है। वे गरम और नम जलवायु के जीव थे। जब धरती पर बरफ की बाढ़ आई तो वे ठण्ड के मारे मर गए।

बीते युग के कुछ बहुत बड़े छिपकली-जातीय जीव।

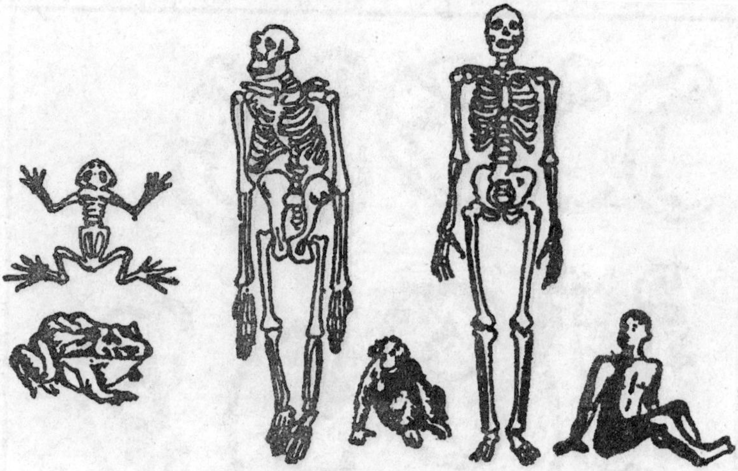

मेढक, गुरिल्ला और मनुष्य, तीनों की ठठरी में कुछ ज्यादा फ़र्क़ नहीं है।

चार प्रकार के जानवरों की हड्डियाँ। बनावट सबकी लगभग एक-सी है। ठठरी या हड्डियों की समानता इस बात की गवाही देती है कि प्राणियों में आपसी सम्बन्ध है।

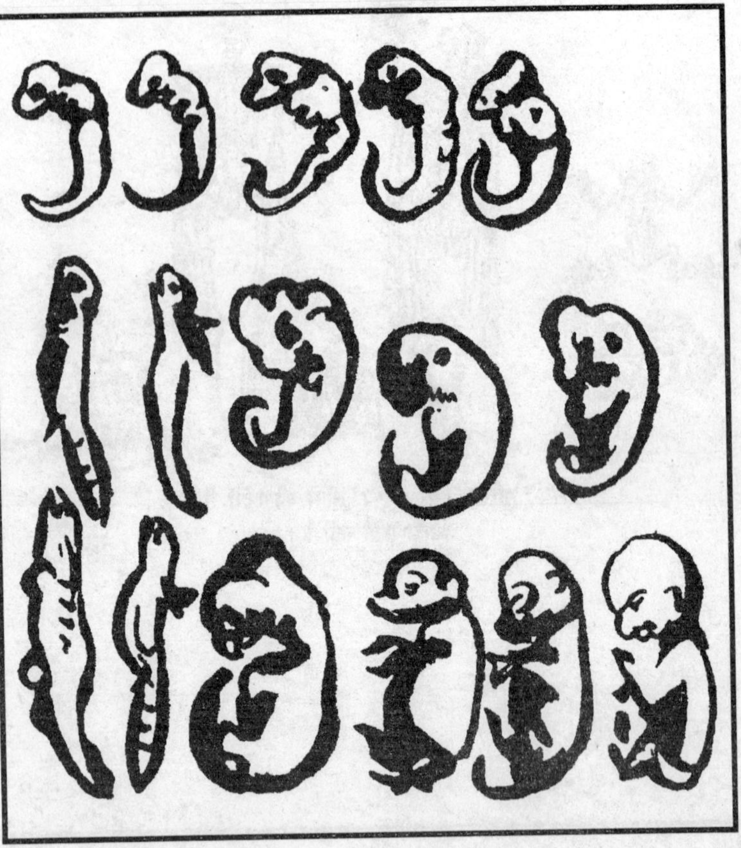

पैदा होने से पहले मछली, मुर्गी और बन्दर के बच्चे से मनुष्य के बच्चे में ज़्यादा फ़र्क नहीं होता। इससे आख़िर क्या साबित होता है?

परतनुमा शिला की चर्चा पहले की गई है। यह शिला मुलायम और बारीक चीज़ों की जमावट है। ऊपर की दूसरी परत के दबाव से वह सख़्त पत्थर बन गई है। जो इसके जानकार हैं, वे हिसाब लगाकर इतना भी बता सकते हैं कि कौनसी परत कितनी पुरानी है।

पुरानी परत पर जीव-जन्तुओं और पेड़-पौधों की छाप पड़ी पाई जाती है, जैसी छाप मुहरों की होती है। यह पूछा जा सकता है कि ऐसी छाप पड़ी कैसे? मिट्टी पर जीवों की हड्डियाँ, ठठरी, पेड़ों की जड़, पत्ते, ये सब तो

धरती की परतों पर पड़ी जीवों की छाप।

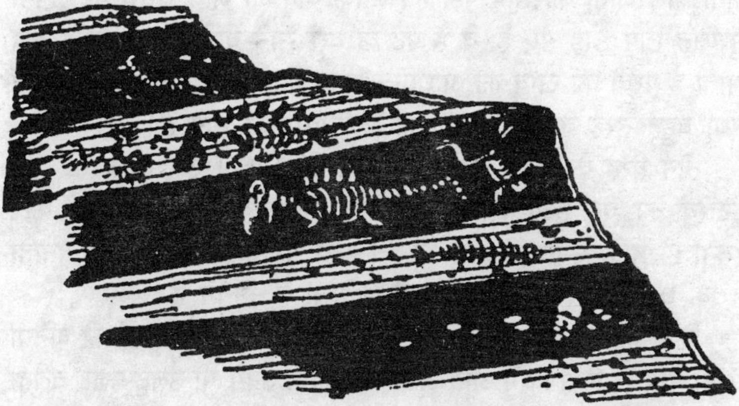

परतनुमा शिला। अलग-अलग परत पर अलग-अलग युग के जीवों का फॉसिल दिखाई दे रहा है।

गिरे पड़े रहते ही हैं। शुरू-शुरू में मिट्टी रहती है नरम। बाद में उस पर परत-पर-परत पड़ती जाती है। नतीजा यह होता है कि निचली परत जमकर पत्थर हो जाती है। उस परत पर जीवों की जो ठठरियाँ या पेड़-पौधे पड़े होते हैं, वे भी दब-दबाकर अपनी छाप छोड़ देते हैं। छाप बने ऐसे जीव-जन्तुओं को कहते हैं फॉसिल।

यही फॉसिल हमें बता देते हैं कि धरती पर कब कैसे जीवों का वास था।

परतों में सबसे पुरानी परत वही है जो परतनुमा शिला के सबसे नीचे

है। उस परत पर जो फॉसिल मिलें, समझना होगा कि उस समय धरती पर वैसे ही जीव-जन्तु थे।

इस तरह सबसे निचली परत से धीरे-धीरे ऊपर को आया जाए। हर परत में जो फॉसिल मिलें, सबके नमूने साथ लाए जाएँ। ऊपर आकर किसी मेज़ पर सिलसिले से उन्हें सजाकर ग़ौर किया जाए।

इससे पता चलेगा कि सबसे निचली परत पर जो छाप पड़ी है वह महज़ एक सेल वाले जीव की है। इसके बाद अनेक सेल वाले जीवों की, जिनमें कुछ कीड़े-मकोड़े भी हैं। और बाद की परत में रीढ़ वाले जन्तुओं और कुछ पानी वाले जीवों की छाप पड़ी है। उसके बाद जो जीव धरती पर अपनी सुरक्षित छाप छोड़ गए हैं, वे हैं पेट के बल रेंगने वाले जीव। उसके बाद आता है पृथ्वी की आयु का आधुनिक युग। इसमें अनेक तरह की चिड़ियाँ तथा बहुत तरह के दूध पिलाने वाले जानवरों की छाप है।

तीन तरह के सबूत इसके लिए पेश किये गए। एक सबूत तो हुआ ठठरियों का, एक हुआ परतों का और एक माँ के गर्भ का और अण्डों का। इतना ही नहीं, सबूत तो और भी हैं। इन्हीं सबूतों पर विज्ञान यह बताता है कि धरती के विकास का एक सिलसिला है, नियम है।

ज़िक्र केवल जीव-जन्तुओं का ही किया गया है। पेड़-पौधों की दुनिया में भी ऐसा ही हुआ। युग आते और बीतते गए, उनमें भी उलट-पुलट चलता रहा।

वह भी एक कहानी है।

डारविन के प्रयत्न से पृथ्वी पर जीवन के विकास का सिलसिला हमें मालूम हुआ। अज्ञात बातों की जानकारी हुई।

लेकिन इसी से क्या काम खत्म हो गया?

नहीं, विद्वानों में से कुछ ने कहा, यहाँ से तो काम की शुरुआत हुई।

और, रूस के एक वैज्ञानिक ने पेड़-पौधों के बारे में छानबीन जारी कर दी। नाम उनका था मिचुरिन। उन्होंने कहा, जब जीव-जगत् के विकास का भेद मालूम हो गया, तो बुरे पेड़ को अच्छे में क्यों नहीं बदला जा सकेगा? अंगूर की बेलों में नन्हे दानों की जगह बड़े दाने क्यों नहीं फल सकते? जिस पेड़ में साल में एक ही बार फल लगता है, उसमें दो बार क्यों नहीं आएगा? ऐसा ज़रूर किया जा सकता है, और मिचुरिन ने दुनिया को ऐसा कर दिखाया।

ये बातें हुईं जानकारी की। प्रकृति के नियमों को हम जान सकते हैं, मगर अपनी इच्छा से उन्हें बदल नहीं सकते, क्योंकि ये हमारी इच्छा पर निर्भर नहीं हैं। किसी हद तक आदमी अपने लिए उनका लाभ उठा सकता है। विज्ञान का उद्देश्य भी यही है। नियम जानकर अपनी विद्वत्ता की डींग हाँकते चलना बेकार है। काम की बात है उन नियमों को अमल में लाना।

डारविन को पढ़ने का मतलब हमारी समझ में यही आता है कि प्रकृति को बदलकर उसे और भी सुन्दर, और भी उपयोगी तथा आनन्दमय कर देना है।

वनस्पति जगत की कहानी

धरती के पहले प्राण का जन्म समुद्र में हुआ। सुनते-सुनते यह बात याद में ज़रूर अमिट हो गई होगी।

अब यह बताएँ कि समुद्र में जो पहला प्राणी पैदा हुआ, वह कोई जन्तु नहीं, बल्कि एक पौधा था—वनस्पति। पौधा कहते ही फल, फूल और पत्तों से भरी चीज़ की तस्वीर हमारी आँखों में उभर आती है। वह पहला पौधा, धरती का वह पहला प्राणी, वैसा कुछ नहीं था। पौधा उसे नहीं भी कहा जा सकता है, पर पौधे का नन्हा अंकुर तो वह ज़रूर था। विकास के क्रम में उसी ने समय पर बहुत बड़े-बड़े पेड़ों को जन्म दिया।

नन्हे बच्चों की जब ज़बान खुलती है, तो शुरू में उनकी पूँजी मुश्किल से दो या तीन शब्दों की होती है। जैसे-जैसे वे बड़े होते जाते हैं, उनकी अक्ल बढ़ती है, अनुभव बढ़ता है, वैसे-ही-वैसे वे नई-नई बातें सीखते जाते हैं। ऐसा न हो तो अपने को वे ज़ाहिर कैसे कर सकते हैं?

अब तक प्राणी या जीव, इसी एक शब्द से हम काम चलाते आ रहे हैं। जिसमें भी प्राण हैं, वही प्राणी है। जिसमें जीवन है, वही जीव है। मगर इस एक शब्द से आगे तो काम नहीं चलने का। हमारी जानकारी की पूँजी बढ़ती जा रही है। प्राणों के फैले हुए राज्य में, दरअसल दो राज्य हैं—जैसे सारे भारत में कुल मिलाकर 28 राज्य और 7 केंद्र शासित प्रदेश। ये दो राज्य हैं—पेड़-पौधों की दुनिया और जीव-जन्तुओं की दुनिया। अब दोनों के अलग-अलग नाम तय कर लें, नहीं तो आगे की बातों में अड़चन पड़ेगी। सो उसे अब हम इस तरह से जान लें—पेड़-पौधों की दुनिया अर्थात् वनस्पति जगत् और प्राणियों की दुनिया अर्थात् प्राणि-जगत्। जगत् से गठबन्धन कर लेने से प्राणी का प्राणि हो गया। व्याकरण का यही नियम है।

तो हो गए वनस्पति और प्राणी।

इन दोनों में समानता क्या है ? समानता यही है कि दोनों में प्राण हैं।

और दोनों में फ़र्क़ क्या है ?

कोई भी कह देगा कि वनस्पति अपनी जगह से हिल नहीं सकतीं और प्राणी चल-फिर सकते हैं।

इसके अलावा भी दोनों में कोई अन्तर है ?

हाँ, अन्तर है। वनस्पतियों में हरियाली होती है। उनमें यह हरियाली क्लोरोफ़िल से आती है। क्लोरोफ़िल हरा होता है, इसलिए वनस्पतियाँ भी हरी होती हैं।

यह क्लोरोफ़िल क्या होता है?

यह एक हरी-हरी-सी चीज़ है जो कि वनस्पतियों के खास किस्म के सेल में होती है। उसी की हरियाली से पेड़-पौधे हरे-भरे होते हैं।

वनस्पतियों और प्राणी में और भी भेद हैं। भेद की कम-से-कम एक और बात कह दें। वनस्पतियों के जो सेल होते हैं, उनके बीच-बीच में दीवार

होती है। ये चीज़ें एक तरह की कड़ी चीज़ की बनी होती हैं, जिसे सेलुलोज़ कहते हैं। प्राणियों के सेल में यह चीज़ नहीं पाई जाती।

सब प्राणियों के शरीर सेल से बने हैं। चित्र में विभिन्न प्रकार के सेल दिखाये गए हैं : (1) मनुष्य के खून के सेल; (2) गाय के जिगर के सेल; (3) फल के बीज के सेल; (4) प्याज के सेल।

वनस्पतियाँ और प्राणी !

प्राणों की दुनिया में वनस्पतियों का आना हुआ पहले। रिश्ते में प्राणियों की वे बड़ी बहन हुईं। माता-पिता के लाचार हो जाने पर जैसे छोटा भाई बड़े भाई या बड़ी बहन के सहारे टिकता और बढ़ता है, वैसे ही ये प्राणी वनस्पतियों के ही सहारे ज़िन्दा हैं, बढ़ रहे हैं।

मतलब यह है कि वनस्पतियाँ ही हमेशा प्राणियों की खुराक जुटाती हैं। उनकी दुनिया मानो एक बहुत बड़ी अतिथिशाला है। जितने प्रकार के जीवन हैं, जितने मनुष्य हैं, सब उन्हीं के मेहमान हैं। मेहमान भी दो-चार दिन के नहीं, हमेशा के।

किन्तु दान में जो वनस्पतियाँ कर्ण जैसी दानी बनी बैठी हैं, उन्हें आखिर इतना धन, इतनी दौलत कहाँ से मिली ?

बेशक यह खत्म न होने वाली पूँजी उनकी अपनी कमाई नहीं है, उनका दूसरा बड़ा दाता है।

वह बड़ा दाता है सूरज।

ज़रा इस लेन-देन का लेखा-जोखा समझा जाए!

शरीर की तन्दुरुस्ती के लिए भोजन में पाँच चीज़ों का होना जरूरी है—प्रोटीन, सफ़ेदी (कार्बोहाइड्रेट), चर्बी, नमक और पानी। प्रोटीन शरीर की घटती रहने वाली ताकत को पूरा करता है और शरीर को दुरुस्त रखता है। हमारे शरीर के सेलों में जो प्रोटोप्लाज़्म है, वह प्रोटीन से ही बना है। शरीर का सेल इसी की बदौलत सही-सलामत रहता है। कार्बोहाइड्रेट कोयले की तरह शरीर को ताप देता है। कोयले के जलने से जो गरमी पैदा होती है, इंजन उसी से चलते हैं। ठीक इसी तरह कार्बोहाइड्रेट के जलने से जो गरमी पैदा होती है उसी से हमारे शरीर का इंजन चलता है।

यह प्रोटीन, यह कार्बोहाइड्रेट या और जो इस तरह के पदार्थ हैं, सभी मूल पदार्थों की मिलावट से बनते हैं। मिसाल के तौर पर यह कार्बोहाइड्रेट कार्बन, हाइड्रोजन और ऑक्सीजन की मिलावट से बनता है। ऐसी ही मिलावटों से बनता है प्रोटीन। प्रोटीन की खास चीज़ है नाइट्रोजन।

अब यों लिया जाए कि ये सारी ही चीज़ें धरती की छाती में, प्रकृति के खज़ाने में भरी पड़ी हैं। किन्तु सब-की-सब अपने असली और कच्चे रूप में हैं। वे जैसी हैं उसी रूप में उन्हें खाने से तन्दुरुस्ती नहीं बन सकती। उन्हें खास-खास ढंग से तोड़-फोड़कर काम के लायक बना लेना पड़ता है।

लेकिन उन्हें काम के लायक बनाने की जो जुगत है, वह प्राणियों के वश की नहीं। यह अनूठा गुण तो वनस्पतियों में ही होता है। सूरज की सुनहरी किरणें जैसे ही पौधों के हरे पत्तों को छू लेती हैं, वैसे ही वे कच्चे मालप्राणियों के काम के बनने लगते हैं; उनसे प्रोटीन, कार्बोहाइड्रेट, चर्बी, यह सब तैयार होने लगता है। सूरज की रोशनी की बदौलत जो यह अनोखा काम होता है, उसे कहते हैं फोटो-सिन्थेसिस, यानी रोशनी के सहारे रचना।

फोटो-सिन्थेसिस। हर पत्ते पर कार्बन डाइऑक्साइड के छः और जल के छः अणु आ पहुँचे। क्लोरोफ़िल तो वहाँ पहले से ही था। सो सूरज की रोशनी पाते ही पत्ते के क्लोरोफ़िल वाले सेलों ने उनसे झट ग्लूकोज़ नाम की चीनी का एक और ऑक्सीजन के छः अणु बना लिए।

अगर पूछिए कि ऐसा प्राणियों के बजाय पेड़-पौधे ही क्यों कर सकते हैं, तो इसका जवाब यही होगा कि उनके पास क्लोरोफ़िल वाला सेल है, जो कि प्राणियों के पास नहीं होता।

पेड़-पौधों के भोजन-घर का ज़रा मुआयना कर लिया जाए!

उनकी रसोई के लिए महज़ दो मामूली चीज़ों, हवा और पानी, की ज़रूरत पड़ती है।

पानी तो मिट्टी के अन्दर ही है। उस पानी में नाइट्रोजन, फास्फोरस, पोटासियम, लोहा, गन्धक, मैगनेसियम, कैल्सियम-जैसी बहुत-सी चीज़ें मिली हुई रहती हैं। पेड़-पौधे मिट्टी के अन्दर दूर-दूर तक अपनी सैकड़ों जड़ें फैलाकर उस पानी को खींचते हैं; फिर धड़ की अनगिनत नसों के रास्ते उसे ऊपर की भट्टी तक पहुँचा देते हैं।

अब रही हवा की बात। हमारे शरीर में रोएँ के जैसे हज़ारों छेद हैं, पौधों के पत्तों के नीचे-नीचे वैसे ही छोटे-छोटे छेद हैं। हवा इन्हीं में से आती-जाती है। हवा में खास तौर से नाइट्रोजन, ऑक्सीजन, कार्बन-डाइऑक्साइड रहते हैं। नाइट्रोजन से पौधों की खासी दुश्मनी है। वह उन छेदों से अन्दर जाता भी है, तो उसी समय उसे बाहर निकल आना पड़ता है। पौधों को केवल कार्बन की ज़रूरत रहती है, सो वे उसमें से कार्बन को ही पोंछ-पाँछकर ले लेते हैं।

लेकिन केवल सामान जुट जाने से ही तो रसोई नहीं पक जाती! चूल्हा जलाने के लिए आग तो चाहिए ही! सूरज से आने वाली रोशनी में आग है। पर उससे चूल्हा कैसे सुलगाया जाए ? चूल्हे में सूरज की रोशनी से आग जलाने का काम है क्लोरोफ़िल का। वह किरणों से आँच जला लेता है। फिर क्या, उस भट्ठी में हाइड्रोजन, ऑक्सीजन, नाइट्रोजन, कार्बन टूट-टूटकर

प्रोटीन, चर्बी, कार्बोहाइड्रेट बन जाते हैं। इस तरह पेड़-पौधों की रसोई तैयार होती है और वह खाना उनकी नसों के रास्ते सारे शरीर में फैल जाता है। ऐसे ही वे जीते हैं, बढ़ते हैं, और फैलते हैं। उसी खाने से पेड़-पौधों में फूल, फल, बीज लगते हैं, जिन्हें खाकर दूसरे प्राणी जीवित रहते हैं।

अगर पेड़-पौधों की दुनिया न रहती तो प्राणि-जगत् भूखों मर जाता।

भूखों ही नहीं, दम घुटकर मरता।

यह सुनने में अजीब-सा लग रहा होगा; क्यों? पेड़-पौधे न हों तो प्राणियों का दम क्यों घुटेगा भला !

लेकिन दम घुटेगा। अगर हवा में ऑक्सीजन न हो तो कोई भी जीव ज़िन्दा नहीं रह सकता। हवा के साथ-साथ जीव साँस में ऑक्सीजन खींचता है और साँस के रास्ते कार्बन डाइ-ऑक्साइड को बाहर निकाल दिया करता है। यह कार्बन डाइऑक्साइड जीवों के लिए बड़ा ही नुकसानदेह है। आजकल एक कानून बनाकर सिनेमाघरों में बीड़ी-सिगरेट पीने की मनाही कर दी गई है। आखिर क्यों ? आदमी, और दूसरे प्राणी भी, साँस के साथ कार्बन डाइऑक्साइड को बाहर निकालते रहते हैं। बन्द घर में वे घुटते रहते हैं। फिर जहाँ आग जलती है, वहीं ऑक्सीजन जलकर कार्बन डाइऑक्साइड तैयार होता है। नतीजा यह होता है कि छोड़ी हुई साँस और बीड़ी-सिगरेट से हवा में कार्बन डाइऑक्साइड का औसत बढ़ जाता है, ऑक्सीजन बहुत कम हो जाता है; साँस लेना मुश्किल हो जाता है, दम घुटने लगता है। इसीलिए बन्द सिनेमाघरों में बीड़ी-सिगरेट पीने की मनाही कर दी गई है।

ऑक्सीजन सचमुच बहुत कीमती है, मगर हवा में उसकी औसत बहुत कम होती है—पाँच हिस्से में लगभग एक हिस्सा। अगर ऐसा ही है तो लाखों-लाख बरस निकल गए अब तक तो उसे खत्म हो जाना चाहिए था और उसकी कमी से पेड़-पौधे तथा प्राणियों की दुनिया मिट जानी चाहिए थी। फिर भी ऐसा क्यों नहीं हुआ ?

ऐसा नहीं हो सका इन पेड़-पौधों की कृपा से। सूरज की रोशनी से पत्तों पर जब फोटो सिन्थेसिस का सिलसिला जारी रहता है, तब पौधे हवा के साथ जितना ऑक्सीजन खींचते हैं, वह सारा-का-सारा उनके काम नहीं

आता। उसका ज़्यादा हिस्सा वह निःश्वास छोड़ते हुए निकाल देते हैं।

सार यह निकला कि प्राणी रात-दिन हवा में कार्बन डाइऑक्साइड छोड़ा करते हैं और पेड़-पौधे दिन-भर छोड़ते रहते हैं ऑक्सीजन। इस कारण हवा में ऑक्सीजन की कमी नहीं हो पाती, जीवों का काम चलता रहता है।

पेड़-पौधे हमारी हर तरह से मदद करते हैं। हमारा भोजन उन्हीं की दया से चलता है, हमारा जीवन उन्हीं की दया से टिका है।

प्राणि-जगत् के विकास का जैसा सिलसिला है, वैसा ही सिलसिला वनस्पति-जगत् का भी है। जीव जैसे पहले एक सेल वाले से अनेक सेल वाले, सहज से जटिल, अंगहीन से बहुत अंग वाले बनते रहे, वैसे ही पौधे भी। सबसे शुरू में जो वनस्पति पैदा हुई, वह एक सेल की शक्ल में थी। उसके बाद आए छतरीनुमा पौधे—न जड़, न धड़, न पत्ते। मगर कई बार

धरती पर जितनी भी तरह के पेड़-पौधे हैं, उन सबको मोटे रूप में इन्हीं सात भागों में बाँटा जा सकता है।

इनकी बनावट बहुत टेढ़ी होती थी। सिवार भी उन्हीं से मिलते-जुलते थे। असल में ऐसे पेड़-पौधे में खासियत थी एक सेल की। धीरे-धीरे सेल की तादाद बढ़ती गई और बहुत सेल वाले पेड़-पौधे दिखाई देने लगे। उसके बाद के भी एक युग में जो पेड़-पौधे आए, जड़ उनके भी नहीं थी। मिट्टी के ऊपर दो-चार पत्तों से हरियाली लुटा देना-भर उनका काम रहा। और उसके बाद जो आए, उनमें जड़, धड़, पत्ते सभी थे। नहीं थे केवल बीज। बीज के बदले उनमें पराग था। उसके बाद बीज वाले पेड़-पौधे आए। बीज वाले पेड़-पौधों में दो जातियाँ हुईं–एक के बीज ढके हुए होते, दूसरे के खुले। ढके बीज वालों की भी दो किस्में थीं–एक के बीज में दो दल होते, जैसे कोंहड़े के बीज और दूसरे का बीज समूचा होता, जैसा कि मकई का बीज।

सबसे ज्यादा तरक्की के लिए जो पेड़-पौधे आए, उनकी देह के चार प्रधान अंग हैं। पहला उसका धड़। धड़ ही पेड़ की मूल बनावट है। यह काठ का होता है। काठ का मतलब है पतला, लम्बा, कड़े सेलों का समूह।

दूसरा अंग है पत्ता। पत्ते सूरज की रोशनी पकड़ने की मशीन हैं। उनकी बनावट कुछ ऐसी है और कुछ ऐसे कायदे से वे शाखों में लगे होते हैं कि हर पत्ते को रोशनी मिलती ही है।

अंगों में से तीसरा है जड़। यह पेड़ के पूरे ढाँचे को मज़बूती से मिट्टी में गाड़े रहता है। इसका दूसरा काम है नीचे से पानी और दूसरी तरह की पानी-मिली धातुओं को ऊपर पहुँचाना।

फूल और फल हैं चौथे अंग।

पेड़ों का वंश बचाने वाले हैं फूल। उनकी जो लम्बी-पतली टहनी होती है, उसे गर्भ-केशर कहते हैं। उस पर एक झब्बा-सा होता है। उसके ज़रा नीचे होती है धागे-सी पतली-पतली चीज़, जिसके माथे पर पीली-पीली नन्हीं पगड़ी-जैसी बुकनी है। यह है पराग। और डंठल के नीचे कमंडल-सी जो चीज़ है, वही फूलों का गर्भ-कोष कहलाता है। उसी में फूल के अण्डे होते हैं।

अब चाहे हवा के लाए हों, चाहे मधुमक्खी या तितलियों के पंखों और पैरों से, फूलों के पराग गर्भ-कोष के मुँह पर आकर झब्बे में चिपक जाते हैं। बाद में एक-एक पराग के कण बढ़कर फूले हुए नल की शक्ल में आ

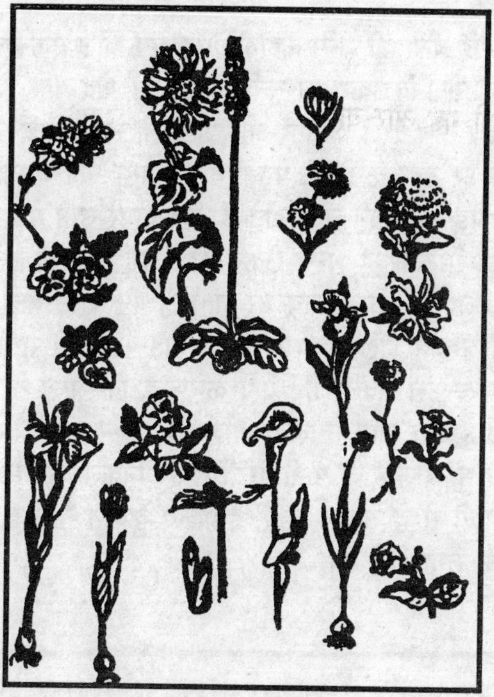

जाते हैं। वही नल डंठल के भीतर से गर्भ-कोष के अंडों से जा मिलते हैं। फिर सारे अंडे बदलने लगते हैं; बढ़ते-बढ़ते बीज बन जाते हैं। बीजों के चारों ओर बाद में गूदा जमता और सारा का सारा गर्भकोष ही फल बन जाता है।

इस प्रकार फूलों से पेड़-पौधों का वंश चलता है।

एक बात मन में आ सकती है। पेड़-पौधे होते हैं स्थिर; यानी एक ही जगह बने रहते है, चल-फिर नहीं सकते। फिर इस फूल का पराग उस फल के गर्भ-कुंड में कैसे जा पहुँचता है ? इसके लिए उसे उड़ने-चलने वाले दूसरे जीवों की सहायता लेनी पड़ती है। मधुमक्खी और तितली उनका वह काम कर देती हैं। फूलों की इतनी जो चमक-दमक है, पंखड़ियों का इतना सिंगार और मन को मतवाला करने वाली जो महक है, इतना मीठा जो शहद है, वह सब आखिर है किसलिए ? यह सब कुछ रंग के मोह और मधु के लोभ से मधुमक्खियों और तितलियों को अपनी ओर खींचने के लिए ही तो है!

यह हो गई बीज की जन्म-कहानी। एक-एक बीज एक-एक सोया हुआ पेड़ है। फलों से निकलकर रस-सनी मिट्टी की गोद पाते ही उसकी नींद खुल जाती है। ऊँचे दरजे के और-और प्राणी तो अपने बच्चों को नेह-जतन से पाल-पोसकर बड़ा करते हैं; पेड़-पौधों से वैसा नहीं बनता। कहीं ऐसा हो कि एक पेड़ से जितने बीज होते हैं, सब अगर उसी पेड़ के नीचे जमा हो जाएँ और मिट्टी की शरण लेकर बढ़ने लगें तो क्या नतीजा होगा ? आपस की ठेला-ठेली से ही सब मर जाएँगे। मनुष्य के बाल-बच्चे माँ की गोद-पीठ से लगकर होश सँभालते हैं और पेड़-पौधों की सन्तान माँ से दूर हटकर ही फल-फूल सकती है। यही कारण है कि साखू के बीज हवा से दूर उड़ जाते हैं और कास-सेमल के बीज भी उड़कर कहीं और जगह बनाते हैं। कुछ ऐसे भी बीज हैं जो पानी पर तैरते हुए निकल जाते हैं, जैसे नारियल के बीज। पानी से वे सड़ न जाएँ, इसीलिए कुदरत ने उन पर मोटे और हल्के छिलके लगा दिए हैं।

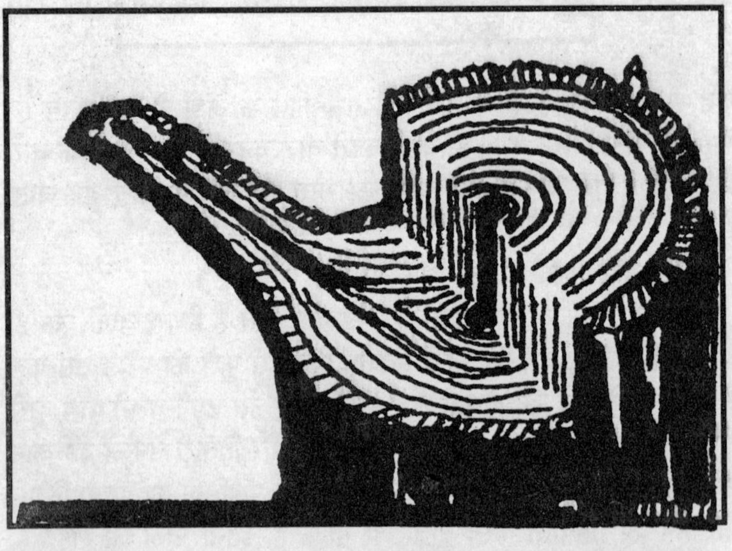

पेड़ का तना काटने से अन्दर ऐसा ही गोल-गोल दाग़ दिखाई पड़ता है। इन्हीं दाग़ों से पेड़ की उमर जानी जा सकती है। उसका हिसाब बड़ा सरल है। जितने वैसे दाग़ हों, पेड़ की उम्र उतने ही साल की होगी, क्योंकि उसके धड़ में हर साल वैसा एक दाग़ पड़ा करता है।

प्रकृति का भंडार-घर। इसमें कुल मिलाकर 92 प्रकार के पदार्थ हैं—कार्बन, नाइट्रोजन, ऑक्सीजन और भी जाने क्या-क्या ! सहज बनाने के लिए विद्वानों ने इनका छोटा-सा नाम रख दिया है। संसार में जितनी भी चीज़ें हैं, सब इन्हीं 92 तरह के माल-मसाले से बनी हैं। विज्ञान की भाषा में ये मूल पदार्थ हैं। बोतलों पर इन चीज़ों के वैज्ञानिकों द्वारा दिए गए नाम लिखे हैं।

हिसाब से पता चला है, लगभग 50 करोड़ साल पहले इन मूल पदार्थों की मिलावट होते-होते जीवित पदार्थ बना। तभी से संसार में प्राण या जीवन का इतिहास शुरू हुआ।

प्राणियों की कहानी

अच्छा, कुछ ऐसे जीव-जन्तुओं के नाम गिनाइए, जिनका पहला अक्षर 'क' हो।

कौआ, कोयल, कछुआ, कुत्ता...

और जिनका पहला अक्षर हो 'ब' ?

बगुला, बैल, बाघ, बिच्छू, बिल्ली...

इतना तो मामूली तौर से कोई भी टपाटप कह सकता है। अगर यह पूछा जाए कि हिन्दी के हर अक्षर पर जिन-जिन जानवरों का नाम पड़ता हो, सब बताइए, तो हम-आप कितना बोल सकेंगे ? बहुत हुआ तो सौ नाम, दो सौ नाम ! हममें से शायद कोई ऐसे निकल आएँ कि सौ, दो सौ नाम और गिना जाएँ। लेकिन सचमुच में जितने जीव-जन्तु दुनिया के परदे पर हैं, ये दो-चार सौ नाम उस हिसाब से कुछ भी नहीं। जो इस विषय के जानकार हैं; कहीं वे गिनने लगें तो दाँतों तले उँगली दबानी पड़े। अब तक

मनुष्य जितने जीवों को जान-पहचान सका है, उनकी तादाद आठ लाख है। आठ लाख !

आठ लाख ! आप कहेंगे, बाज़ आए हम ऐसी जानकारी से। इन आठ-आठ लाख जीवों का नाम सुनने का धीरज लिये कौन बैठे !

ठीक भी है। कोई अगर इतने-इतने जीव-जन्तुओं की जीव-कहानी न भी सुने-जाने तो गलत बात नहीं है।

गलत बात नहीं है तो डरने की बात भी नहीं है। सीखना-जानना हो तो भी आठ लाख जीवों की जन्म-कथा अलग-अलग जानने की ज़रूरत नहीं पड़ती। जो इसी बात की छान-बीन में रात-दिन व्यस्त हैं, उन्होंने इसका एक बहुत ही आसान उपाय ढूँढ़ निकाला है। एक-एक का हिसाब न लगाकर एक तरह के अनेक जीवों को एक कोटि में रखकर जानना आसान हो जाता है। मान लीजिए किताबों की एक ढेरी लगी है; उसे कविता, कहानी, गणित, व्याकरण—इस प्रकार विषयवार छाँट लिया जाए तो सहज हो जाए। जीव-जगत् के जानकारों ने कुछ ऐसा ही तरीका अपनाया है। आठ लाख जीवों को उन्होंने कुछ भागों में बाँटा है और एक तरह के मिलते-जुलते जीवों को एक श्रेणी में रखा है। इस तरह बाँटकर देखने को श्रेणी-विभाजन कहते हैं। इस उपाय के बाद हर जीव को अलग-अलग जानने की जरूरत ही नहीं रह जाती। सिर्फ़ बँटे हुए कई भागों को जान लेने से ही सारे जीवों के बारे में जानना हो जाता है।

संसार में जितने भी प्रकार के जीव हैं, वैज्ञानिकों ने उन्हें दस मोटे भागों में बाँटा है। यह बँटवारा शरीर की बनावट और मिलती-जुलती शक्ल-सूरत के हिसाब से किया गया है। जैसे किसी जीव के तो रीढ़ होती है, किसी के नहीं होती। जिनके रीढ़ होती है, ऐसे जीवों को एक श्रेणी में रखा गया और जिनके रीढ़ नहीं है, उन्हें दूसरी श्रेणी में। सीपी, घोंघे-जैसे जीवों की श्रेणी अलग हुई जो कि शरीर में ही अपना घर ढोते हैं। छाती के सहारे रेंगकर चलने वाले साँप, छिपकली आदि की श्रेणी अलग हुई। ऐसे दस भाग हुए। असल में वैज्ञानिकों के बँटवारे में ऐसी श्रेणियाँ हैं तो कुल चौदह, पर दस से ही मोटी जानकारी मज़े में हो सकती है।

तो पहली कोटि की बात ली जाए !

पहली कोटि के जीव हैं प्रोटोज़ोआ। एक सेल वाले जीवों की चर्चा हो चुकी है। उसी एक सेल से जीवन की ज़रूरतों के सारे काम वे कर लेते हैं--खाना, खाने को हज़म करना, साँस लेना और छोड़ना, वंश बढ़ाना, सब। इस तरह से सबसे निचले दरजे के जो जीव हैं, उनको नाम दिया गया है प्रोटोज़ोआ। ये बहुत तरह के होते हैं। हम जिस अमीबा से पहले परिचित हो चुके हैं, वह एक प्रोटोज़ोआ है। एक ख़ास बात जान लेने की यह है कि प्रोटोज़ोआ में सभी जीव एक सेल वाले नहीं होते, कई सेल वाले भी होते हैं। इतना ज़रूर है कि उनके उन सभी सेलों में गहरा लगाव नहीं होता। अलग-अलग, एक-दूसरे से बिखरे- बिखरे होते हैं।

ये प्रोटोज़ोआ बड़े नन्हे होते हैं—इतने नन्हे कि अणुदर्शक यन्त्र (माइक्रोस्कोप) के बिना उन्हें देख सकना सम्भव नहीं।

अगर प्रोटोज़ोआ को देखना हो, तो सिवार-भरे तालाब का एक लोटा पानी ले आओ। उस पानी को दो-तीन अलग बोतलों में भरकर छोड़ दो। दस-बारह दिन बीत जाने पर उस पानी का एक बूँद काँच पर रगड़कर अणुदर्शक यन्त्र से देखो। बड़े ही अजीबोग़रीब शक्ल के जीव दिखाई पड़ेंगे। तालाब के पानी को कई दिन तक बोतल में सिर्फ इसलिए छोड़ा गया कि उन कई दिनों में प्रोटोज़ोआ ने बेशुमार बच्चे दिये। इतने बच्चे दिये कि उन्हें गिनना मुश्किल है। उस एक बूँद में खचाखच बच्चों की भीड़ काँच पर आ रही। तभी उन्हें देखना सम्भव हो सका। यों था तो वह तालाब के ही पानी में, पर बीच के कई दिनों में उसकी तादाद बेहिसाब बढ़ गई। मगर ये गाय, बकरी की तरह तो बच्चे नहीं जनते। एक सेल से दो, दो से चार और इस तरह दुगुने होते चले जाते हैं।

तालाब के पानी में से जो प्रोटोज़ोआ लाये गए, उनमें ज़्यादातर अमीबा ही थे। प्रोटोज़ोआ जीवों की कोटि का नाम हुआ, और अमीबा हुआ उसका जाति नाम। जैसे 'भुवनमोहन साधु' में साधु उपाधि है। भुवनमोहन के सिवाय भी साधु होते हैं। इस तरह अमीबा के सिवाय भी प्रोटोज़ोआ हैं।

प्रोटोज़ोआ का खाने का ढंग बड़ा अजीब है। अगले पृष्ठ की तस्वीर में दिखाई पड़ रहा है कि एक प्रोटोज़ोआ के शरीर से कई हिस्से उभरकर बाहर आ रहे हैं। ये हिस्से उसके नकली पाँव हैं। नकली कहने का कारण

है। उसके शरीर में पाँव नाम का कोई अंग सचमुच में होता नहीं है। शरीर का कोई भी हिस्सा उभरकर उसका पाँव बन जाता है। ज्योंही खाने की कोई चीज़ सामने आती है, वह अपनी छाती को ठेलकर उधर बढ़ा देता है। छाती का बढ़ाना क्या हुआ, साथ ही साथ उसका सारा शरीर ही उस ओर को बढ़ जाता है। जब खाने की उस चीज़ से वह जा सटता है, तो चट से निगल जाता है। हम लोगों की तरह मुँह तो उसके होता नहीं। लिहाज़ा खाना निगलने में उसे सारे शरीर की ताकत लगा देनी पड़ती है, सारे बदन से खाने को जकड़ना पड़ता है।

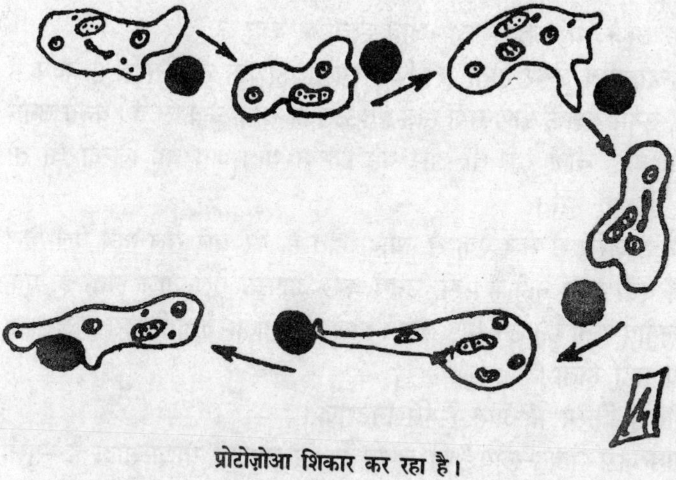

प्रोटोज़ोआ शिकार कर रहा है।

लगे हाथ एक और किस्म के प्रोटोज़ोआ की खूबी बता दें। काले और सफ़ेद जामुन तो होते हैं, लाल जामुन देखना हो तो पहाड़ की ओर चलिए। बर्फ़ से पहाड़ की एड़ी से चोटी तक ढक गई है। अचानक एक जगह थोड़ा हिस्सा गाढ़ा लाल दिखाई पड़ता है, मानो लहू से पट गया हो। मगर यहाँ लहू कहाँ ? यह करतूत लाल प्रोटोज़ोआ की है, जिसे ब्लडबर्ड कहते हैं। उस जगह लाखों-लाख की तादाद में वे भीड़ लगाए बैठे हैं। उनके रंग से बर्फ़ भी लाल हो गई है। ये प्रोटोज़ोआ अमीबा के समान अलग-अलग बिखरे नहीं रहते। मगर साथ रहते हुए भी इनका आपसी लगाव कुछ गाढ़ा नहीं, दूर-दूर का है।

एक और किस्म के प्रोटोज़ोआ हैं, 'रात की रोशनी' कह लीजिए इन्हें। ये और भी मज़ेदार हैं। इनके बदन में जुगुनू-जैसी रोशनी भुकभुकाती है और ये समुद्र के पानी पर छितराए रहते हैं। रात के अँधेरे में सागर की छाती पर इनकी नारंगी रंग की रोशनी का जमघट क्या ही सुन्दर फबता है !

अब दूसरी किस्म के जीव ! ये हैं पोरिफेरा।

पोर के माने हैं गढ़ा। जिन जीवों के बदन पर गढ़े होते हैं वे पोरिफेरा कहाते हैं। अनुमान कीजिए ऐसा कोई गढ़ों वाला जीव !

स्पंज !

यह स्पंज भी कोई ज़िन्दा जीव होता है क्या ?

ज़िन्दा जीव ज़रूर होता है। जिन स्पंजों को हम तरह-तरह से काम में लाते हैं, उनमें बेशक प्राण नहीं होते। वे उसका मानो कंकाल हैं। कभी उनमें और भी कोई चीज़ रही थी और वह ज़िन्दा थी। जब वह ज़िन्दा थी तो उसका रंग था हरा।

उसके शरीर में सेल एक से ज़्यादा होते हैं, पर सारे सेल खूब घुले-मिले होते हैं, ऐसी बात नहीं है। हाँ, उनमें कुछ आपसी मेल-जोल होता है, एक सहज लगाव होता है। उन भीड़ लगाने वाले प्रोटोज़ोआ-जैसा बिखरा-बिखरा-सा सम्बन्ध नहीं होता।

तीसरी किस्म में आते हैं सिलेनटराज।

नाम ज़रा ऊबड़-खाबड़-सा ज़रूर है, पर मतलब सीधा-सादा है—सूजा हुआ पेट। इन सूजे पेट वालों का शरीर दो सेलों के परदे का होता है। इन तक आते-आते सेलों की बनावट कुछ उलझी-सी हो गई है। ये सेल अपनी जमात बनाना जान गए हैं और एक-एक जमात अलग-अलग काम हाथ में लेना सीख गई है।

समुद्र के किनारे जेली मछलियाँ रहती हैं। मुलायम पुलपुला शरीर ! ये भी सूजे पेट वालों की श्रेणी में आती हैं।

प्रशान्त महासागर में मूँगों कें टापू की चर्चा हुआ करती है। मूँगे सूजे पेट वाले कीड़े होते हैं। उन्हीं के कंकालों से मूँगों का टापू बनता है।

अब आई चौथी किस्म। इसमें है एकाइनोडार्म।

यह भी अजीब टेढ़ा-मेढ़ा-सा नाम है। जी में आता है, इसका नाम चक्री रखा जाए। देखने में उसका शरीर चक्के-जैसा होता है, कुछ-कुछ तारों-जैसा भी। शरीर का जो असली अंग बीच में रहता है, वह गोल होता है। ठीक उसी के पास से कुछ लम्बी-लम्बी चीज़ें निकली हैं, जैसी कि साइकिलों के पहियों की तीलियाँ होती हैं। तारा नाम की मछलियाँ इसी जाति की होती हैं।

ये भी अनेक सेल वाले जीव हैं। धीरे-धीरे इनके शरीर में पेशी, स्नायु, जिगर, पेट, यह सब भी आ गया है।

तारा मछलियाँ एक प्रकार के सीपों को खाया करती हैं। आकार में सीप उनसे कहीं बड़े होते हैं, फिर भी ये उनको खाती हैं। कैसे ? सुनिए !

सीप के समीप आते ही ये अपने हाथों से उसे दबोच लेती है। सीप की दोनों तहों के जोड़ में से अपना पाँव अन्दर घुसेड़कर लगातार खींचने लगती हैं। सीप में उनसे ज़्यादा ताकत होती है; फिर उसका ढकना भी बड़ा मज़बूत होता है। सो कुछ देर तक तो उसका कुछ बिगड़ता नहीं; वह अपने बदन को ताने रहता है। बीस मिनट इसी तरह बीत जाते हैं। इतनी देर तक लगातार बदन को ताने रहने से सीप थककर ढीला पड़ जाता है। उसके ढकने खुल जाते हैं। उसके फाँकों में से मुलायम शरीर बाहर निकल आता है। निकल चाहे आए, पर तब भी तारा मछली की इतनी हिम्मत नहीं होती कि उसे निगल जाए, क्योंकि सीप उससे बहुत बड़ा होता है। इसके बाद वह एक अजीब क़ाम करती है। मुँह की राह अपनी अँतड़ियों को निकालकर सीप के नरम शरीर को ढक देती है। फिर धीरे-धीरे उसे निगलती और हज़म करती जाती है।

तारा मछली का चलना भी गजब का होता है। उसके जो नन्हे-नन्हे हाथ हैं, उनके नीचे क़तारबन्द छोटी-छोटी नलियाँ हैं। ये नलियाँ रबर की तरह फूल-फूल जाती हैं। नलियों के मुँह बाहर से बन्द होते हैं और अन्दर से खुले। शरीर के भीतर एक थैली होती है, जो हरदम पानी से भरी रहती है। जब चलने का मौक़ा आता है तो वह थैली के पानी को उन नलियों में डाल देती है। पानी पड़ते ही नलियाँ बड़ी हो जाती हैं और अपने उन्हीं पाँवों से वह पानी काटती हुई आगे बढ़ती रहती है।

इसके बाद आगे की तीन श्रेणियों में आते हैं कीड़े-मकोड़े। शक्ल-सूरत

में ये तीनों अलग होते हैं।

पाँचवीं श्रेणी में आते हैं फीते-जैसे चपटे कीड़े। ये सब तरह से दूसरों के आसरे रहते हैं। दूसरे प्राणियों के बदन में डेरा डालते हैं और उन्हीं के खाने में हिस्सा बँटाकर खुशी-खुशी रहते हैं और उन्हीं के बदन पर अंडे देते हैं।

छठी श्रेणी के कीड़े देखने में गोलमटोल होते हैं।

सातवीं श्रेणी के कीड़े होते तो गोल ही हैं, पर वैसे नहीं। अँगूठी जैसी बहुत-सी मुड़ी मालाओं के मिलने जैसा उनका शरीर बना होता है। केंचुए, जोंक आदि इसी श्रेणी में आते हैं। लेकिन ये केंचुए औरों के आसरे नहीं जीते, बल्कि मनुष्य का बड़ा उपकार करते हैं। हाँ, जोंक परजीवी होती है, मनुष्य का खून चूसती है।

आठवीं श्रेणी में आते हैं मोलास्क।

रंगों की जगर-मगर में पोरिफेरा खूब होते हैं। लेकिन अब जिनके बारे में बताने जा रहे हैं, वे भी खूब रंग-बिरंगे होते हैं। उनके दर्शन समुद्र के किनारे ही मिल सकते हैं। हाँ, जब वे किनारे पर दीखते हैं, तब वे ज़िन्दा नहीं होते, उनका ऊपरी खोल ही पानी में तैरकर किनारे आ जाता है। ये हैं शंख, सीप, कौड़ी। जाने कितने जतन से बटोरकर लोग इन्हें इकट्ठा किया करते हैं।

कुटुम्ब-कबीलों में ये मामूली नहीं हैं—कोई अस्सी हज़ार नाते-रिश्तेदार हैं इनके। ज़्यादातर उनका वास पानी में ही है—समुद्र में या झील-तालाबों में।

कई लोग सोचते हैं, इन खोलों से ये घर का काम लेते हैं। हम लोग जैसे मेहनत-मज़दूरी करके थके-माँदे शाम को अपने घर आते हैं, शायद वैसे ही ये भी बाहर की खाक छानकर फिर अपने इन घरों में घुस पड़ते हैं।

मगर बात ऐसी नहीं है। ये खोल उनसे अलग नहीं होते, जुड़े होते हैं। तमाम ज़िन्दगी ये उसी में सटे रहते हैं। सिर्फ़ चलते वक़्त इन खोलों से अपने पैर और सिर को बाहर निकाल लेते हैं।

आरथ्रोपॉड्स है नवीं श्रेणी।

आरथ्रो के अर्थ हैं जोड़ा, और पॉड के अर्थ हैं पैर। ऐसे पतिंगे, जिनके पैर जुड़े होते हैं, इस श्रेणी में आते हैं।

ये अजीबोगरीब शक्ल वाले सब क्या हैं ? ये हैं प्रोटोज़ोआ।

और ये ? ये हैं पोरिफेरा।

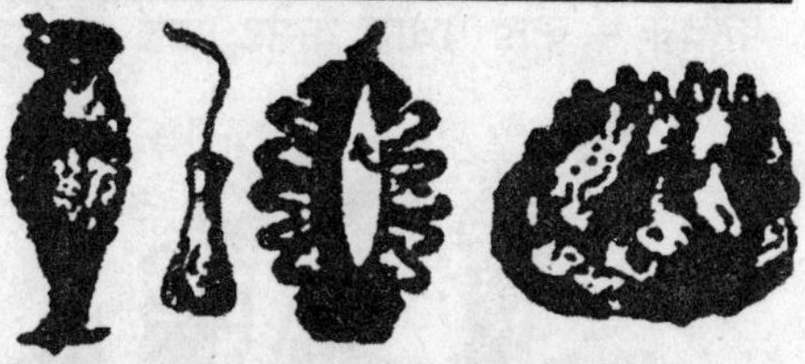

ये हुए सिलेनटराज

इन्हें हम सब खूब जानते-पहचानते हैं। चींटी, बर्र, तेलचिट्टा, पतिंगा, तितली। कोई देखने में खूबसूरत, कोई बदसूरत। किसी का बदन सख़्त तो किसी का कोमल। कोई काट खाता है तो कोई सुई चुभोता है। कोई उड़ता है तो कोई चलता है। कोई रात को उड़ता है तो कोई दिन को।

इस जानने का आखिर अन्त कहाँ है, मंज़िल और कितनी दूर है ?

प्रोटोज़ोआ, पोरिफेरा, सिलेनटराज, एकाइनोडार्म, कीड़े-मकोड़े, मोलास्कों की हद पार करके हम अब एक छोर के पास आ पहुँचे हैं। किन्तु यह सफ़र दस-बीस बरसों का नहीं है। इस रास्ते से गुज़रते हुए मनुष्य के राज तक पहुँचने में कोई पचास करोड़ साल की राह तय करनी पड़ती है।

ये भी सिलेनटराज श्रेणी के ही जीव हैं। इनका जाना-पहचाना नाम मूँगा है।

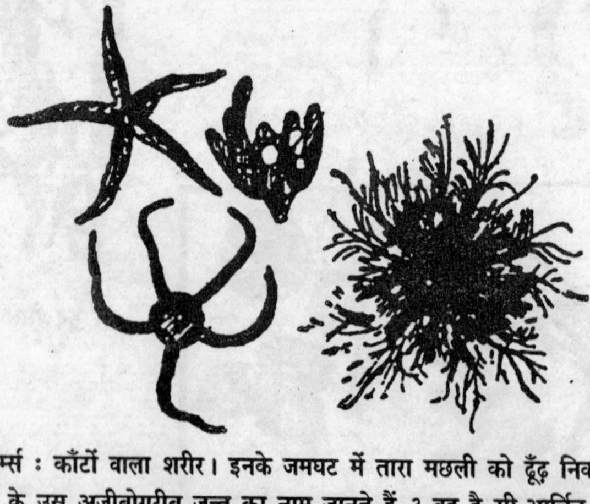

एकाइनोडार्म्स : काँटों वाला शरीर। इनके जमघट में तारा मछली को ढूँढ़ निकालिए! पास के उस अजीबोग़रीब जन्तु का नाम जानते हैं ? वह है सी-आर्चिन।

सी-आर्चिन : शैतान के लकड़दादा। नहाने को समुद्र में उतरिए तो बदन से, पैरों से उलझकर नाक में दम कर दें।

तारा मछली। इसकी चाल ही बता रही है कि यह ऐसा-वैसा जीव नहीं है।

तरह-तरह के कीड़े–चपटे, गोल, अँगूठी-जैसे।

मोलास्क–यानी मुलायम बदन।

घोंघा, सीप, कौड़ी।

जोड़ा-पाँव श्रेणी के जीव–भीतर का ढाँचा

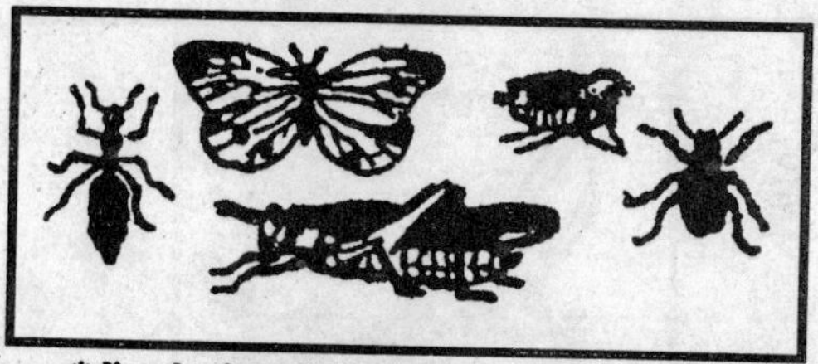

छः टाँगों वाले जीव–चींटी, खटमल, बर्र, पतिंगा, तितली आदि।

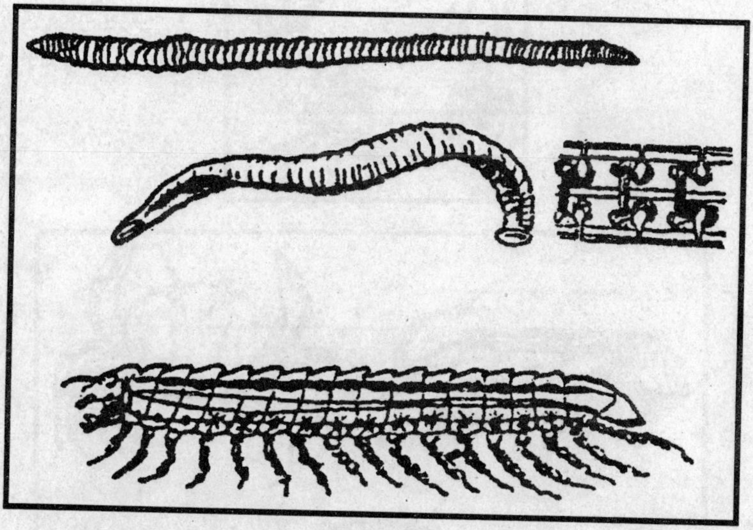

इनके पाँव तो छः से कहीं ज़्यादा हैं, पर हैं ये सभी जोड़ा-पाँव वाली श्रेणी के जीव।

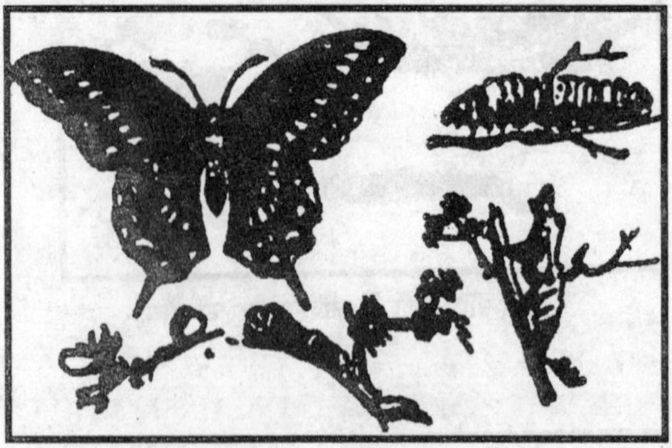

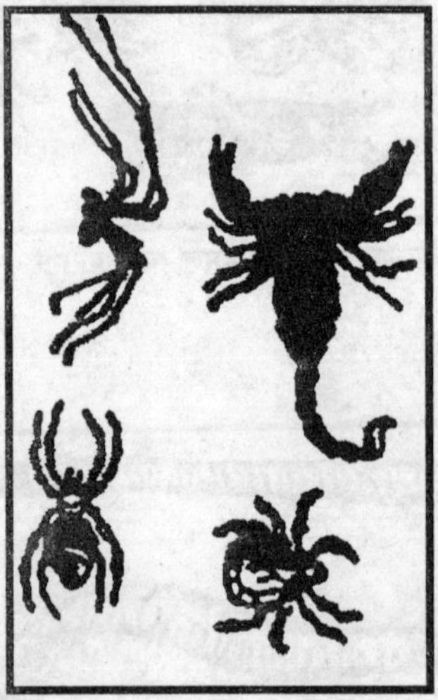

बीच में और नीचे : कुछ जोड़ा-पाँव वाले जीव।

ऊपर : तितली का जन्म होता दिखाया गया है।

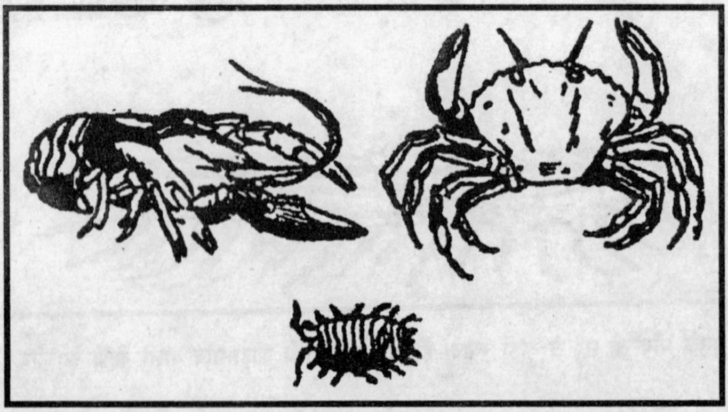

मनुष्य कहाँ से आया

हमारी यात्रा पचास करोड़ साल पहले की धरती से शुरू हुई और चलते हुए हमने क्या-क्या देखा ? दूर-दूर तक फैला हुआ सूनापन, सायँ-सायँ करता हुआ सपाट मैदान; न आदमी न आदमज़ात; न पंछी, न पशु ! पेड़-पौधों की कौन कहे, हरी घास की एक पत्ती तक नदारद ! जिधर देखिए पहाड़ और पहाड़। सूरज निकला, सवेरा हुआ, मगर जीवन की कोई हलचल नहीं। सूरज डूबा, रात आई, मगर ऐसी पलकें ही नहीं जो थकावट और नींद से भरी झुक जाएँ। कहीं प्राण नहीं, सब प्राणहीन ! यह हाल था ज़मीन का !

ये हैं दूध पिलाने वाले जानवर। सब अपने बाल-बच्चों के साथ टहलने निकले हैं।

लेकिन पानी में ? पानी में लहराते जीवन के हलकोरों की कमी नहीं। तरह-तरह के पौधे, रंग-बिरंगी मछलियाँ, कैसे-कैसे नन्हे-नन्हे जीव !

इस असंख्य जलचरों में एक है एकाइनोडार्म। अजीब चाल ! उस समय तक जलचरों में यही सबसे ज़्यादा विकसित हो सके थे।

पेड़-पौधे अचल होते हैं, प्राणी चलते-फिरते हैं। न चलें-फिरें तो जिएँ कैसे ? खाना तो खुद मुँह में नहीं आ सकता। लिहाज़ा चलना ज़रूरी ही है। पर सभी प्राणी क्या एक-सा चल सकते हैं ? कोई धीरे ही चल सकते हैं। कोई तेज़ चल लेते हैं। जो तेज़ चल लेते है उनके बड़े मज़े हैं। वे खाने की चीज़ पर नज़र पड़ते ही झपट सकते हैं और किसी दूसरे के उस पर टूटने से पहले लेकर नौ-दो ग्यारह हो सकते हैं।

इससे यह मतलब निकला कि जिनके चलने के औज़ार जितने ही मज़बूत हैं, उनके टिके रहने का बल उतना ही ज़्यादा है। जो दौड़ सकता है, उसके लिए इतना ही काफ़ी नहीं है। कहाँ, किधर को दौड़े, यह समझने की अक्ल भी तो होनी चाहिए। यह हुई सूझ-बूझ की बात। सूझ-बूझ का वास्ता है दिमाग़ से।

जिसमें चलने की तेज़ी और दिमाग़ दोनों हों, जीत उसी की होगी।

निचली पीढ़ी के जल-जन्तुओं में दिमाग़ की कमी थी।

एक बार ट्राइलोबाइट नाम के एक जन्तु ने पानी में बड़ी ज़्यादतियाँ करनी शुरू कर दीं। उसके बदन में ताक़त खूब थी। जिसे पाता, उसी को दबोच लेता। बेचारे बिना दिमाग़ वाले सीधे जन्तुओं का वंश मिटने को हो गया।

मगर एक तरह के ऐसे जीव मिले, जिन पर ट्राइलोबाइट की ताक़त का सिक्का नहीं जम सका। जब वह तूफ़ान-सा उस पर टूटता, यह दाँव देकर किनारे हो जाता। उसके दिमाग़ था और दिमाग़ होने से सूझ भी थी।

दिमाग़ होने के नाते ही शायद वैज्ञानिकों ने उसका एक भारी-भरकम-सा नाम रख दिया—आस्ट्रोकोडार्म ! जहाँ तक खयाल है, दिमाग़ वाले पहले जीव यही जल-जन्तु हैं।

विद्वानों का कहना है, अपने बेटों से हारने में शर्म नहीं। और आखिर में ये हज़रत आस्ट्रोकोडार्म भी हार बैठे—ठीक अपने बेटे से तो नहीं कहा जा सकता, पर अपने वंश के ही एक जीव से। खानदान के उस जीव का नाम है मछली।

मछली

आखिर मछलियों की जीत हुई कैसे ? ऐसे कि उनके दिमाग़ था, पानी काटकर तेज़ी से चलने के लिए दो पंख भी थे और शरीर के दोनों छोर नुकीले-से थे।

इन सबके अलावा भी मछलियों में एक चीज़ थी—गरदन से पूँछ तक पीठ पर हड्डी की एक छड़ जैसी। यह छड़ रीढ़ है—मेरुदंड।

इस तरह मछलियों की पैदाइश से प्राणि-जगत् में जीवों के दो वर्ग हो गए—एक वह जिसके रीढ़ है और दूसरा वह जिसके रीढ़ नहीं।

संसार में रीढ़ वाले जितने भी जीव हैं, उनमें तीन बातों में समानता पाई जाती है—

1. चलने के दो जोड़े औज़ार। मछली के दो जोड़े डैने होते हैं; चिड़ियों के दो पंख और दो पैर; अन्य पशुओं के दो जोड़े पैर ही होते हैं, और मनुष्य में एक जोड़ा पैर और एक जोड़ा हाथ।
2. खोपड़ी के अन्दर दिमाग़
3. पीठ के ऊपर लम्बी रीढ़

मछली जलचर है।

आदिम मछली का फॉसिल।

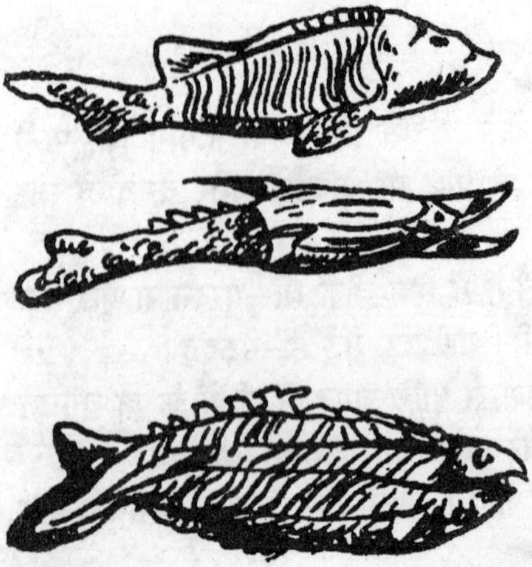

ये तीन हैं। आस्ट्रोकोडार्म। ये मनुष्य के बड़े ही पुराने पुरखे हैं। यों कहिए तो ये आदिकाल की मछलियाँ हैं। चौथी शक्ल एक उभयचर की है। उभयचर, यानी पानी-ज़मीन दोनों में रह सकने वाला। सबसे नीचे की तस्वीर में आज के कई छिपकली जाति के जीव दिखाए गए हैं।

बातों-बातों में कहा जाता है, 'जब तक साँस तब तक आस।' पानी से निकालने पर मछली साँस के लिए तड़पने लगती है। आख़िर क्यों ? धरती की हवा में भी तो ऑक्सीज़न रहता है। रहने से क्या हुआ ? मछलियों का शरीर कुछ इस तरह का बना है कि वे पानी में से ही ऑक्सीज़न खींच सकती हैं। जो जीव धरती पर ऑक्सीज़न खींच सकते हैं, उनके फेफड़ा होता है। मछली पानी में साँस लेती है, गलफड़े से।

लेकिन हम ग़लत कह गए। नाम लेने को फेफड़ा मछलियों के भी होता है।

एक बार मछलियों पर बड़ी भारी मुसीबत आ पड़ी। जीने-मरने का सवाल सामने आ गया।

पुरानी जो धरती थी, उस पर धूप-पानी का सिलसिला बड़ा बेढंगा-सा था। कभी बारिश शुरू हो गई तो फिर थमने का नाम नहीं; सालों पानी ही पड़ता चला गया। और कभी धूप निकली तो लगातार चिलचिलाती धूप ही रही। नदी-नाले सूख गए, ज़मीन फटकर चौचीर हो गई। आसमान में मेघों का नामोनिशान नहीं। बरसों यही हाल !

विपदा के ऐसे ही दिनों में एक बार प्रकृति ने मानो मछलियों को बुलाकर कहा, अगर जीना चाहती हो, तो सूखे में आ जाओ। मछलियाँ ऊपर आ गईं। ऊपर साँस लेने की उन्होंने कोशिश जो की, सो उनके फेफड़े बन गए। आज तो पृथ्वी पर पानी की कमी रही नहीं। मछलियों को भी अब फेफड़े की जरूरत नहीं रह गई। लेकिन एक बार यह बन गया था, इसलिए अब भी उनके शरीर में रह गया है।

सूखे के दिनों में मछलियाँ फेफड़े की बदौलत ज़िन्दा रह सकीं। एक प्रकार के दूसरे जीव अपनी टाँगों की दया से अपना जीवन बचा सके। उनकी टाँगें भी अजीब थीं, चाल भी ग़ज़ब की थी। चाहे जैसा भी हो, जान तो बची। अपनी वही टाँगें घसीटते हुए वे मुसीबत के समय उन नाले-गढ़ों तक जा पहुँचे थे, जहाँ उस सूखे में भी थोड़ा-बहुत पानी बच रहा था। लेकिन इनसे पानी का मोह छोड़ते नहीं बना। ये जीव उभयचर हैं—उभयचर, यानी पानी और ज़मीन दोनों के रहने वाले। ये ज़िन्दगी की शुरुआत में पानी में रहते हैं, बाकी ज़मीन पर। मेंढक को ही लीजिए। इसके बच्चे पानी में किलबिलाते रहते हैं। जब उनकी दुम जाती रहती है तो मेंढक होकर वे

मछली का गलफड़ा

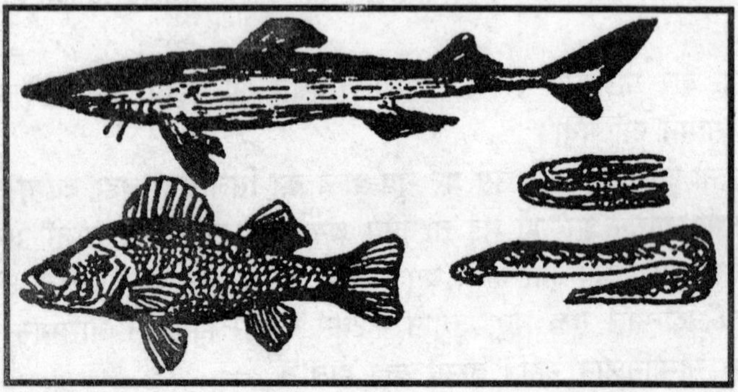

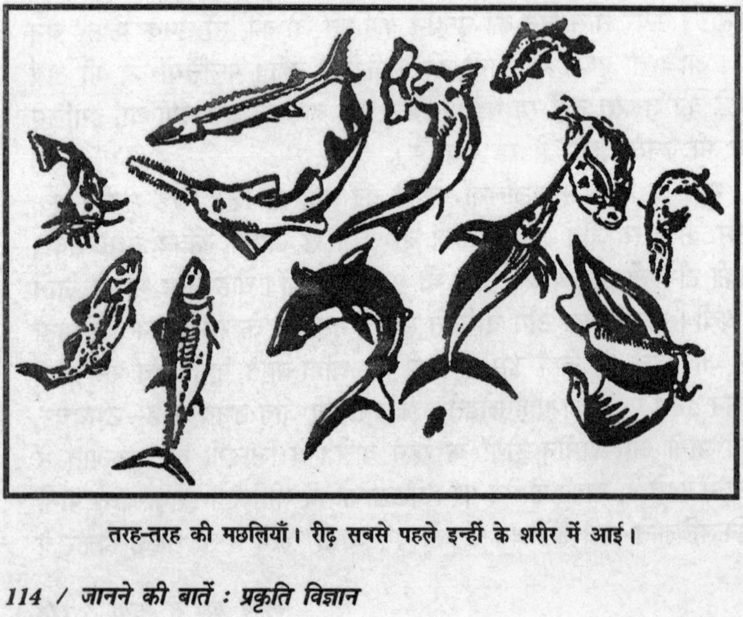

तरह-तरह की मछलियाँ। रीढ़ सबसे पहले इन्हीं के शरीर में आई।

ज़मीन पर आ जाते हैं। फिर भी उनका पानी से पिंड नहीं छूटता। अंडे देने के लिए फिर पानी में उतरना ही पड़ता है।

छिपकली जाति के जीव

छिपकली जाति के जीव अनेक हैं—छिपकली, गिरगिट, साँप, मगर। ये लगभग ज़मीन पर ही रहते हैं। धरती पर हज़ारों-हज़ार साल तक इनका राज चलता रहा था। इसके भी कारण हैं।

एक तो मछली-मेढक जैसे अण्डा देने वाले जीव होने के बावजूद ये ज़मीन पर ही अण्डे दे सकते थे। इनके अण्डों पर मज़बूत परदा पड़े रहने से उनके बच जाने की उम्मीद भी थी।

दूसरे, इन जीवों को ज़मीन पर चलना आ गया। मेंढकों-जैसा लँगड़ाते हुए नहीं, ज़मीन पर शरीर का पूरा भार डालकर।

पाँवों का फ़र्क़ बढ़ते-बढ़ते इनमें फिर बहुत भेद हो गए। कुछ छिपकली

ज़मीन और पानी दोनों में रह सकने वाले उभयचर।

अण्डे में से मगर का बच्चा बाहर निकल रहा है। ये आज के छिपकली-जातीय जीव हैं।

जाति के जीवों की टाँगें बढ़ती चली गईं, और कुछ की टाँगें ग़ायब हो जाने से साँप बन गए। उन्हीं में से कुछ के पाँव पंख या डैने हो गए और वे पानी में तैरने लगे। कुछ उन्हीं पंखों से आकाश में उड़ने लग गए। लेकिन उड़ने वाले छिपकली जाति के जीव ही पंछियों के पुरखे नहीं हैं।

इसी जाति के ख़ानदान में हज़ारों साल पहले डाइनोसोर हो चुके थे, जो धरती पर बेरोक राज करते थे। अन्त में धरती की बदलने वाली दशा के मुताबिक अपने को न बदल सकने के कारण वे जाते रहे। उनमें एक कमज़ोरी थी कि उनका लहू ठंडा था। शरीर के ठंडे लहू का यह स्वभाव है कि जलवायु की गरमी के अनुसार ही वह भी गरम-ठंडा होता है। इसी से यह बात भी समझ में आ जाएगी कि सरदियों में साँप बिलों में क्यों जा छिपते हैं। मछली, मेंढक, छिपकली, ये सब ठंडे लहू वाले जीव हैं।

अचानक धरती की जलवायु बिलकुल बदल गई। यह कहिए कि सारी धरती ही हिमालय हो गई। तब डाइनोसोरों की हार हो गई; वे टिक नहीं सके।

एक हाथी के सामने मक्खी जितनी बड़ी लगती है, डाइनोसोर के मुकाबले एक ख़रगोश उतना बड़ा भी नहीं लगता। मगर इन ख़रगोशों ने ही धरती की मनमानी चुनौती स्वीकार की।

ख़रगोशों की विशेषताएँ गिनाएँ !

एक तो इनका लहू होता है गरम। इसलिए डाइनोसोर के समान सरदियों की इन्हीं परवाह नहीं।

दूसरे, इनका बदन घने रोओं से ढका रहता है। ज़रा ज़्यादा सरदी पड़ी नहीं कि रोएँ खड़े हो गए। उन रोओं को छेदकर ठंडी हवा चमड़े तक नहीं पहुँच पाती।

दूध पिलाने वाले जीव

तीसरे, ये अंडे नहीं देते। अंडे देने के झमेले कितने हैं ! कभी फूट गए तो कभी कोई दूसरा जीव चट कर गया। बेहिसाब झंझट ! सो ये अंडे नहीं देते।

बच्चे इनके भी अंडों में से ही निकलते हैं, पर माँ के पेट ही में। वहाँ से कुछ बढ़कर ही बाहर आते हैं। पैदा होने के बाद भी माँ बच्चों की देखभाल करती है, उसी का दूध पीकर बच्चे बढ़ते हैं। मतलब यह है कि ख़रगोश दूध पिलाने वाला जीव है। इस प्रकार दुनिया में उनके टिके रहने की उम्मीद कहीं अधिक है।

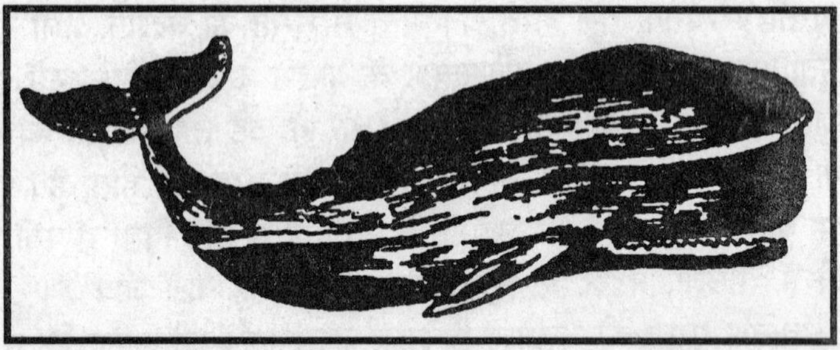

उम्मीद क्या, ये आज भी टिके हुए हैं !

दूध पिलाने वाले जन्तु पहले तो ज़मीन पर ही रहते थे, बाद में ज़मीन, पानी, आसमान, सभी जगह फैल गए। चमगादड़ आसमान को उड़ गया, पर सोने के लिए उसे धरती पर ही उतरकर आना पड़ता है। सील पानी में उतर पड़े, पर साँस लेने के लिए उसे भी समय-समय पर ज़मीन पर आना पड़ता है। गिलहरी ने पेड़ की डालों पर शरण ली। ये सभी दूध पिलाने वाले जीव हैं।

जो दूध पिलाने वाले जीव ज़मीन पर रहे, वे कई भागों में बँट गए। उनकी बनावट और स्वभाव इतने तरह के होते हैं कि हद नहीं। दाँतों की बनावट के हिसाब से इन सबको तीन भागों में बाँटा जा सकता है। (1) सिंह, बाघ, कुत्ता, बिल्ली—ये माँस खाने वाले हैं। इनके दाँत इस ढंग के बने हैं कि खींच-तानकर माँस खाया जा सके। (2) गाय, बैल, घोड़ा, भेड़, बकरी आदि। ये माँस न खाने वाले जीव हैं। इनके दाँतों की बनावट ऐसी है कि खाने को चबाया जा सके। (3) चूहा, गिलहरी आदि। इनके दाँत कुतर-कुतरकर खाने लायक बने हैं। इनके सामने के दाँत ज़िन्दगी-भर बढ़ते ही रहते हैं और रात-दिन काम लेने से घिसते भी जाते हैं। अगर कोई गिलहरी पाल ली जाए और उसे पीस-पीसकर चीज़ें खाने को दी जाएँ तो

अन्त में होगा यह कि मुँह ही नहीं खोल सकेगी; फिर खाये बिना मर जाएगी।

डारविन की खोज से पता चल चुका है कि किसी भी जाति या श्रेणी के जीव एकाएक धरती पर नहीं आ धमके। अपने पहले के जीवों से उनका कोई-न-कोई सम्बन्ध जरूर रहा है। डारविन ने जन्तु-जंक्शन की भी चर्चा की है। जिसके बदन में कई जन्तुओं की बनावट एक साथ ही मिली देखी गई। उससे कई अलग-अलग जन्तु निकलकर अपनी-अपनी राह लगे।

ऐसे जंक्शन-जन्तु ऑस्ट्रेलिया में आज भी मौजूद हैं। कभी एशिया और ऑस्ट्रेलिया एक ही महादेश थे। बाद में समुद्र ने दोनों को एक-दूसरे से अलग कर दिया। जब उस समय एशिया और ऑस्ट्रेलिया एक ही महादेश था तो कहना होगा कि सारे ही देश में एक-जैसे जीव थे। ऐसे प्राणी अवश्य रहे होंगे जो कि छिपकली-जातीय जीव से दूध पिलाने वाले जीव बन गए। उन्हें केवल दूध पिलाने वाली जाति का भी कैसे कहा जाए, क्योंकि उनमें छिपकली जाति वालों के रंग-ढंग भी रह ही गए थे। उन्हें छिपकली और दूध पिलाने वाली जातियों की खिचड़ी कह सकते हैं।

दो नावों पर पाँव रखना कभी ख़तरे से खाली नहीं होता। डूबना पड़ता है। शायद हो कि ऐसे जीवों का इसीलिए बाद में नामोनिशान मिट गया, और ज़्यादा तरक्की करने वाले दूध पिलाने वाले जीवों ने उन सबका ख़ात्मा कर दिया। केवल ऑस्ट्रेलिया में, उनकी चपेट से बचकर, वे टिके रह गए हैं। डकबिल को ही लीजिए। इनके बिल्ली-जैसे रोएँ होते हैं, मगर देते हैं अंडा। कंगारू को लीजिए। कंगारू अंडे के बजाय बच्चा जनते हैं, लेकिन पेट की जिस थैली में उनके बच्चे पलते हैं, वह थैली पेट के बाहर रहती है। जब बच्चा पहले-पहल थैली में आता है, तब वह एक-डेढ़ इंच से ज़्यादा बड़ा नहीं होता। आँखों से उस समय उसे कुछ दिखाई नहीं पड़ता। कोई तीन महीने बाद वह थैली से बाहर झाँक-ताक करने लगता है और कई महीनों में उससे बाहर निकल पाता है। परन्तु छिपकली जाति के जीवों के पेट के नीचे जो कुछ खास तरह की हड्डियाँ दिखाई पड़ती हैं, वे हड्डियाँ उसी जगह पर कंगारू के भी होती हैं।

ख़ैर, जो भी हो, कई लाख बरसों से धरती पर दूध पिलाने वाले जीवों का ही राज रहा। उनके आगे और सब जीव हार मान बैठे, बाघ को छोड़कर। बाघ जब झपटता तो वे पेड़ों की फुनगी पर चढ़कर अँगूठा दिखाते; मुँह भी चिढ़ाते शायद। इनका नाम प्राइमेट है। ये भी दूध पिलाने वाले जीव हैं।

तो क्या बाद के दिन इन्हीं पर निर्भर हैं ?

इसके उत्तर के लिए देरी नहीं लगनी। झरोखे से झाँकते ही सामने वह पेड़ खड़ा दीख रहा है। उसके दो फल हमारे भाग्य में ज़रूर होंगे—आनन्द का फल और जानकारी का फल।

जिस पेड़ पर चढ़ जाने वाले जन्तु का अभी ज़िक्र किया गया, पहले शायद वह बहुत छोटा-सा था—चूहे-जैसा। बदन के हिसाब से पाँव के दोनों जोड़े और भी छोटे थे। पेड़ पर रहते-रहते पैरों का आकार-प्रकार बढ़ने लगा और शरीर की लम्बाई के मुताबिक जँचने लगा। शरीर भी बढ़ने लगा।

और, धीरे-धीरे उनमें बड़े-बड़े हेर-फेर हो गए।

पेड़ों पर चलने-फिरने के लिए चार पैरों की खास ज़रूरत नहीं होती, दो ही काफ़ी हैं। इसलिए उनके सामने वाले दोनों पैर दूसरे काम करने लगे। कोई चीज़ पकड़ना, घुमा-फिराकर उसे देखना, छूना, मुँह तक खाने की चीज़ पहुँचाना, डाल पकड़कर झूलना, आदि। ऐसा करते रहने का नतीजा यह हुआ कि सामने के पैर, पैर न रहकर हाथ हो गए, उँगलियाँ लम्बी हो गईं,

हाथ और पाँव के अँगूठे बन गए। उन उँगलियों को घुमाना-फिराना भी सम्भव हुआ। इस तरह पैर और हाथ में फ़र्क़ आ गया।

पेड़ों पर दौड़-धूप के लिए निगाहें पैनी होनी चाहिएँ। यह होना कुछ अनहोना भी नहीं। नज़र गड़ाकर देखते-देखते उनकी दोनों आँखें बड़ी होती गईं।

साथ ही साथ उनका मुँह छोटा होने लगा, क्योंकि मुँह का काम अब सिर्फ़ चबाना रह गया था। बैल के समान मुँह से खाने की चीज़ें नोच लाने की जरूरत नहीं रह गई थी।

सबसे बड़ी बात यह कि उनकी खोपड़ी की कायापलट हो गई। वह लम्बी के बजाय गोल होने लगी और उसके अन्दर दिमाग़ आया।

ये हेर-फेर बहुत दिनों में, बहुत धीरे-धीरे, हुए। बीच ही में प्रकृति ने एक नई चुनौती दी। बर्फ़ की बेहिसाब बाढ़ आई। उत्तर के पहाड़ों से दानवों के समान बर्फ़ की बड़ी-बड़ी चट्टानें लुढ़क-लुढ़ककर आने लगीं। बर्फ़ की उस खौफ़नाक बाढ़ में जंगलों का तो सफ़ाया हो गया।

मानो प्रकृति ने ललकारकर कहा, बच्चू, तुम्हारी सारी करामात है पेड़ों पर। ज़मीन पर उतरकर कुछ कर दिखाओ तो जानें !

इसका जवाब प्राइमेटों से देते न बना। उत्तर से बर्फ़ की चट्टानें ज्यों-ज्यों बढ़ती आईं, वे दक्खिन की ओर भागते गए।

उसी ख़ानदान के एक जीव ने इसका जवाब दिया। ये थे वनमानुष। अपने दो पाँव रोपकर ये ज़मीन पर आ खड़े हुए। झुककर खड़े हुए हों शायद ! चलना भी शुरू कर दिया—अनाड़ी-सा, लँगड़े आदमी-जैसा।

चाहे जो भी हो, खड़े वे हुए और चलने भी लगे। नाराज़ प्रकृति से उन्होंने लोहा लिया। अन्त में उनकी जीत भी हुई।

वे वनमानुष किस बूते पर जीत गए ? उनके न तो बाघों जैसे नाखून थे, न गैंडे जैसे पैने हथियार, और न साँप-जैसे फन ही। फिर भी उन्होंने सबसे बाज़ी मार ली; सबको काबू में कर लिया। कैसे ?

माथे के बल से, दिमाग़ के ज़ोर से। उसी दिमाग़ से वे सबसे ज़्यादा अनुभवी, सबसे ज़्यादा सोचने वाले बन सके।

और मनुष्य ने सब-कुछ अपनी मुट्ठी में किया है बाहुबल से, मुट्ठी के ज़ोर से। वह अपनी मुट्ठी में सब-कुछ कसकर पकड़ सकता है, उसकी ग़लती ठीक कर सकता है। पत्थर को वह तीर बना सकता है, मिट्टी को बरतन बना सकता है, लोहे को हल का फाल, लकड़ी को पहिया, बाँस को बाँसुरी और सात तार से सितार बना सकता है।

इसीलिए मनुष्य की जीत हुई है; हारते-हारते वह जीत गया है।

उसकी हार-जीत की कहानी दूसरे जीवों की कहानी से भी रोचक और मज़ेदार है।

इस चित्र में वनमानुष, आदिम मानव और आज के मनुष्य के दिमाग़ की बनावट और नाप का फ़र्क़ दिखाया गया है।

आमने-सामने की दोनों तस्वीरों में 14 अध्यायों में प्राण अर्थात् जीवन की कहानी है। एक में सात अध्याय और दूसरे में सात अध्याय।

यह कहानी ऊपर से नीचे नहीं, नीचे से ऊपर को पढ़ी जाती है। समझ गए न ? अब बाकी रह गया मनुष्य !

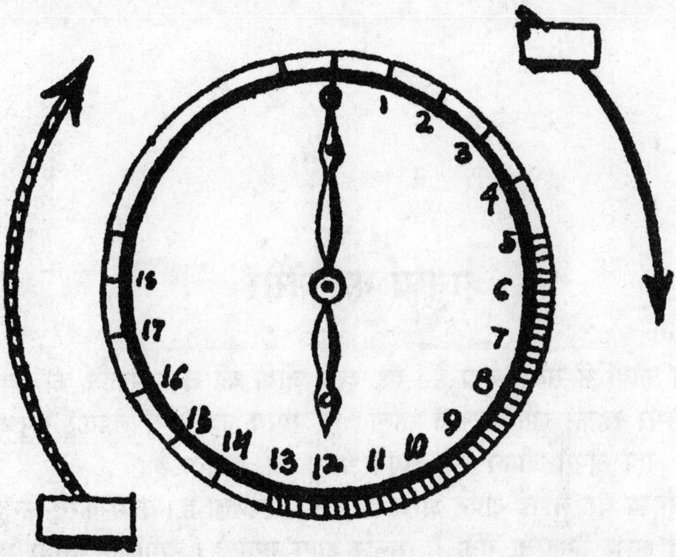

यह है प्रकृति की घड़ी। मनुष्य की घड़ी में 60 सेकंड का एक मिनट और 60 मिनटों का एक घंटा होता है। लेकिन प्रकृति की घड़ी में 16 लाख 60 हज़ार वर्ष का एक मिनट और 10 करोड़ वर्ष का एक घंटा होता है। इस घड़ी का काँटा जहाँ शून्य पर हो, वहीं से धरती पर प्राणों का जन्म शुरू समझना चाहिए। 8 बजकर 12 मिनट से पहले-पहल रीढ़ वाले जीवों का जन्म हुआ जानना चाहिए। उसके पहले किसी भी जीव के यह रीढ़ नाम की चीज़ नहीं थी। जब घड़ी के नौ बजे, मेंढक की तरह तब टप् से पानी से ज़मीन पर उछल आए उभयचर प्राणी। 9 बजकर 24 मिनट पर तैयार हुए छिपकली जाति के जीव। इस जाति के सबसे बड़े आकार के हज़रत डाइनोसोर पधारे 10 बजकर 10 मिनट पर। 10 बजकर 15 मिनट पर आए दूध पिलाने वाले जीव और 10.40 पर पंछी।

और आदमी ? आदमी अभी-अभी डेढ़-एक मिनट पहले पधारे हैं।

घड़ी में 12 बजने का मतलब है आज का युग, जोकि अभी तक चल रहा है।

प्रकृति की घड़ी के समय को मानुषी घड़ी से मिलाकर देखिए तो ! हिसाब में आपके दिमाग़ की दौड़ ज़रा देखें !

मनुष्य का शरीर

मनुष्य जीवों में सबसे बड़ा है। वह दूसरे जीवों की तरह प्रकृति की दया पर निर्भर रहकर जीवित नहीं रहता। हर समय प्रकृति से लड़कर मनुष्य अपने-आप अपने जीवन को, अपने भाग्य को, बनाता है।

मनुष्य यह लड़ाई अपने शरीर के बल पर करता है। काम करते-करते उसका शरीर निखरता गया है, सुन्दर होता गया है। इसीलिए मनुष्य के शरीर की कहानी भी जानने की बातों में से एक है।

नर-कंकाल

मनुष्य के शरीर में से खाल, चरबी और मांस हटा देने पर जो कुछ बच रहता है वह हड्‌डी का ढाँचा होता है; इसी को कंकाल कहते हैं। मनुष्य का कंकाल 206 छोटी-बड़ी, गोल और चपटी, पतली और मोटी हड्डियों से मिलकर बनता है।

इसी कंकाल के सहारे मनुष्य का शरीर एक ख़ास शक्ल में रहता है और जैसी ज़रूरत हो अलग-अलग ढंग से खड़ा रह सकता है, बैठ सकता है या लेट सकता है, किसी भी तरफ़ मुड़ सकता है। हड्डियों का यह ढाँचा शरीर के भीतर के सभी अंगों को अचानक लग जाने वाली चोट, धक्के या दबाव से बचाता है।

सभी प्राणियों के शरीर में हड्डियों का यह ढाँचा नहीं होता। ज़मीन पर कंकालधारी प्राणी बहुत बाद में पैदा हुआ। रीढ़ की हड्‌डी वाले सबसे पुराने जिस प्राणी के निशान पाये गए हैं उसका कंकाल हड्डियों का नहीं बल्कि 'कार्टिलेज' नामक एक मुलायम चीज़ का बना हुआ था। आदमी का बच्चा

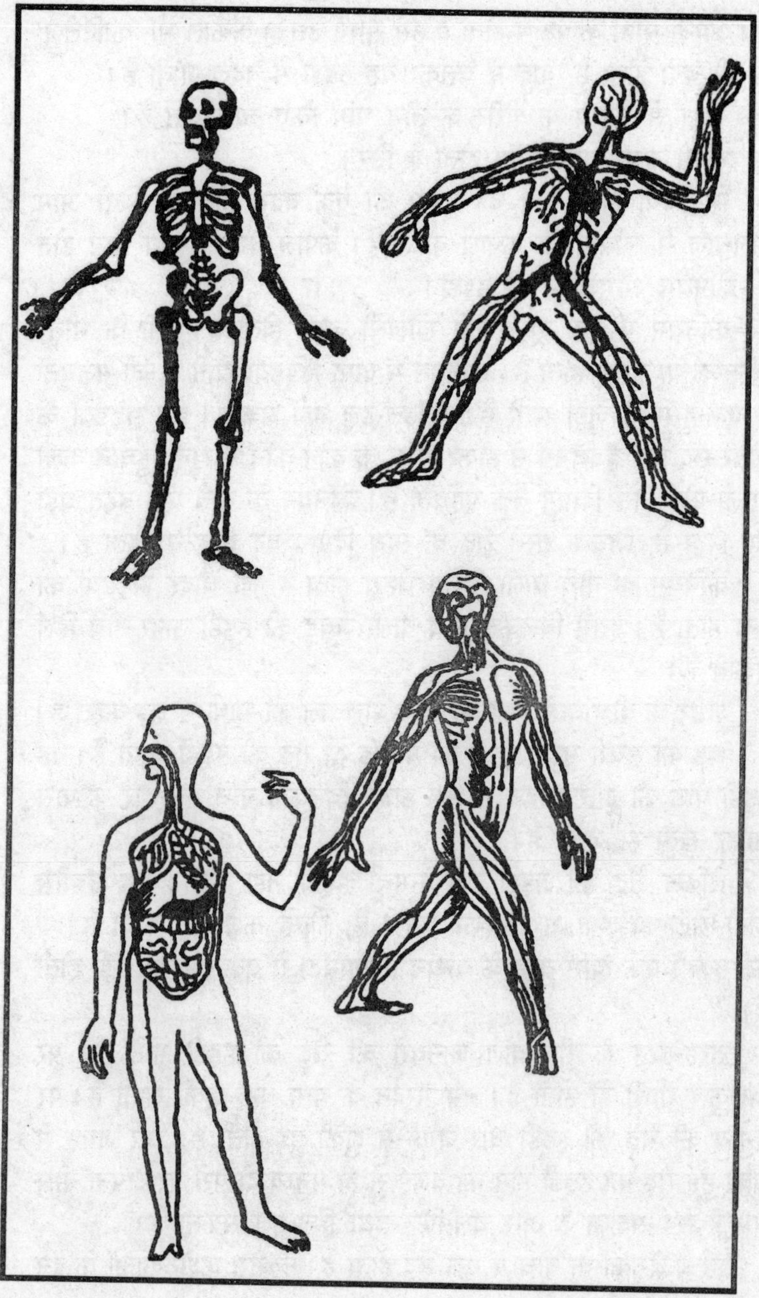

जब अपनी माता के पेट में होता है उस समय उसका कंकाल भी 'कार्टिलेज' का ही बना होता है; बाद में चलकर वह हड्डी में बदल जाता है।

बाहर से मनुष्य के शरीर के तीन भाग किए जा सकते हैं।

सबसे ऊपर वाला भाग होता है सिर।

सिर क्या होता है ? वह हड्डी का एक बक्स होता है, जिसे आम बोलचाल में खोपड़ी या कपाल कहते हैं। कपाल के दो मुख्य भाग होते हैं—क्रेनियम और चेहरे की हड्डी।

क्रेनियम में एक बहुत बड़ी खोखली जगह होती है। इसी के भीतर मस्तिष्क या मग़ज़ होता है। क्रेनियम में आठ हड्डियाँ होती हैं, जो मज़बूती से एक-दूसरे से जुड़ी होती हैं। वे हिल-डुल नहीं सकतीं। इन हड्डियों के भीतर छेद होते हैं जिनमें से होकर शरीर के कोने-कोने में खून पहुँचाने वाली पतली-मोटी नसें दिमाग़ तक पहुँचती हैं। क्रेनियम के नीचे एक बहुत बड़ा छेद होता है, जिसके रास्ते रीढ़ के साथ दिमाग़ का सम्बन्ध रहता है।

क्रेनियम के नीचे वाला हिस्सा चेहरा होता है, जो चौदह हड्डियों का बना होता है। इसमें बिलकुल नीचे वाली जबड़े की हड्डी ऊपर-नीचे हिल सकती है।

शरीर के बीच वाले भाग को आम बोलचाल की भाषा में धड़ कहते हैं।

धड़ की सबसे मुख्य हड्डी को मेरुदंड या रीढ़ की हड्डी कहते हैं। यह हड्डी पीठ की ओर गरदन से शुरू होकर बिलकुल नीचे मल-द्वार के पास जाकर खत्म हो जाती है।

लेकिन रीढ़ की हड्डी एक समूची हड्डी नहीं होती। यह छब्बीस छोटी-छोटी हड्डियों से मिलकर बनती है, जिन्हें कशेरुका कहते हैं। ये कशेरुकाएँ एक ख़ास तरह के बन्धन (लिगामेंट) से एक-दूसरे से जुड़ी होती हैं।

तरह-तरह के रीढ़ वाले जानवरों की रीढ़ की हड्डी मोटे तौर पर बिलकुल सीधी ही होती है। बस गरदन के पास कुछ झुकी रहती है। पर मनुष्य की रीढ़ की हड्डी चार जगह से झुकी हुई होती है। चार जगह से झुकी हुई रीढ़ की हड्डी होने की वजह से ही मनुष्य दो पैरों पर अपना बोझ सँभाले रख सकता है और चल-फिर तथा हिल-डुल सकता है।

हर कशेरुका के बीच में एक छेद होता है। छब्बीस कशेरुकाओं के इन

छब्बीस छेदों के मिलने से एक नली बन जाती है; इस नली का ऊपर वाला मुँह ठीक उसी जगह पर जाकर खुलता है जहाँ पर क्रेनियम के ठीक नीचे वाला छेद होता है।

धड़ के ऊपरी सिरे से दो हाथ और निचले सिरे से दो पैर निकलते हैं। हाथ और पैर की हड्डियों की बनावट मोटे तौर पर एक-जैसी ही होती है। चौपायों की ये हड्डियाँ तो बिलकुल एक-जैसी होती हैं, क्योंकि वे इन दोनों जोड़े हड्डियों की मदद से ही चलते-फिरते हैं। मनुष्य के शरीर में सामने वाली एकजोड़ हड्डियाँ काम करने के हाथ बन गए और इसलिए वे थोड़े-थोड़े बदल भी गए।

मांस-पेशियाँ

अब हमें नर-कंकाल की मोटी-मोटी जानकारी तो मिल ही गई।

इस कंकाल के ऊपर एक तरह के सेल (कोषाणु) होते हैं जिनको रबर की तरह जिस तरह भी चाहें सिकोड़ा या फैलाया जा सकता है, छोटा या बड़ा किया जा सकता है। कंकाल के ऊपर लगे हुए इन फैलने-सिकुड़ने वाले ख़ास तरह के सेलों को मांस-पेशियाँ कहते हैं। इन्हीं को अंग्रेज़ी में 'मसल' कहते हैं।

मांस-पेशियाँ दो तरह की होती हैं—एक तो ऐसी जिन्हें इस जिस तरह चाहें खींच सकते हैं, बढ़ा सकते हैं; दूसरी ऐसी मांस-पेशियाँ, जो अपनी मरज़ी से ही छोटी या बड़ी होती हैं। दिल, पेट और आँतें वग़ैरा इन्हीं दूसरी तरह की माँस-पेशियों की बनी होती हैं।

तन्तु

मनुष्य बहुत-से सेलों से मिलकर बना होता है। ये सेल कई तरह के होते हैं और इनके काम भी अलग-अलग होते हैं।

जब किसी एक काम के लिए कई सेल एक में मिल जाते हैं तब सेलों के इस समूह को तन्तु कहते हैं। मनुष्य के शरीर में चार तरह के तन्तु होते हैं—आच्छादक (ढकने वाले), संयोजक (जोड़ने वाले), पैशिक (मांस-पेशियों

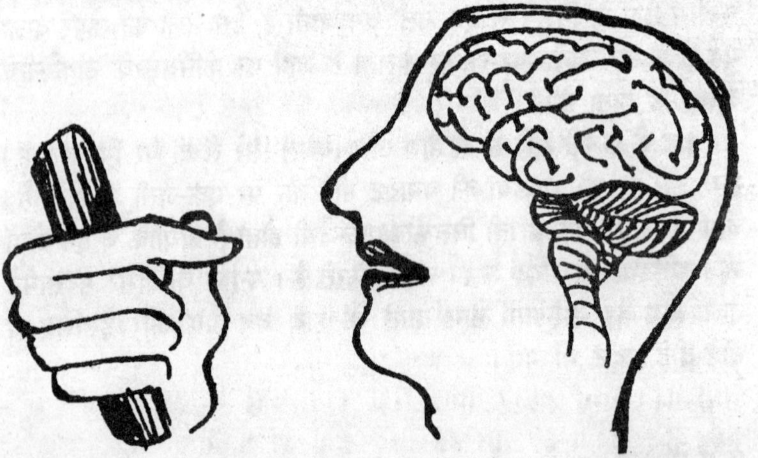

मनुष्य को वैज्ञानिक लोग 'होमोसेपियन्स' कहते हैं। लातिन भाषा के इस शब्द का मतलब है 'जानने वाला प्राणी'। यह नाम बहुत ही ठीक है। मनुष्य का सारा शरीर जैसे एक कारखाना है। काम की निगरानी के लिए जैसे हर कारखाने में एक मैनेजर होता है, उसी तरह शरीर का मैनेजर है दिमाग़। दिमाग़ खोपड़ी के अन्दर की नरम चीज़ है—लहरदार बनावट, सामने की ओर बड़ा, पीछे से छोटा।

इसके दो काम हैं। एक है किसी ख़तरे से बचने का उपाय करना, जैसे हाथ को आँच लगी और दिमाग़ के हुक्म से हाथ हटा लिया गया। ऐसे सीधे-सादे काम उसके निचले हिस्से से होते हैं। इसका दूसरा बड़ा काम है सोच-विचारकर कुछ करना। मनुष्य ने जो कुछ भी देखा है, सीखा है, समझा है, वह सब-कुछ दिमाग़ के सामने वाले हिस्से में जमा रहता है। दिमाग़ में शरीर के कोने-कोने से ख़बरें पहुँचती हैं। दिमाग़ तक ख़बर आने और दिमाग़ से ख़बर जाने का काम स्नायुओं के सहारे होता है। एक ख़बर लाती है, दूसरी ले जाती है। स्नायु सेलों की बनी होती हैं—लम्बी-पतली बनावट, तार-जैसी। धागे से एक में गुँथी-गुँथी-सी स्नायुओं का जाल सारे शरीर में बिछा है। बहुत-सी स्नायु रीढ़ के निचले भाग से शुरू होकर और उसके पोले भाग से होकर दिमाग़ तक चली जाती हैं।

के), और स्नायविक (नर्व-सम्बन्धी)।

शरीर की खाल का ऊपरी हिस्सा आच्छादक तन्तु का बना होता है। खाल का अन्दर का हिस्सा, जिस पर चरबी जमी होती है, संयोजक तन्तु का बना होता है। मांस-पेशियों के तन्तुओं में ख़ास बात यह होती है कि बाहर से कोई चोट-चपेट लगने पर या सरदी-गरमी महसूस होने पर वे अपने-आपको सिकोड़ या फैला लेते हैं। शरीर के कुल बोझ में से लगभग

तिहाई भाग इन मांसपेशियों के तन्तुओं का होता है। स्नायु के तन्तुओं की ख़ास बात यह है कि शरीर जिस चीज़ को भी महसूस करता है उसे वे पूरे शरीर में फैला देते हैं।

अंग तथा तंत्र

शरीर में कई अंग होते हैं। दिल एक अंग है जिसका काम है खून को सारे शरीर में पहुँचाना। अग्न्याशय एक दूसरा अंग है जिसका काम है भोजन पचाने वाले रस तैयार करके शरीर में पहुँचाना। मेदा एक और अंग है जिसका काम है भोजन पचाकर आँतों में भेजना। इसी तरह हर अंग के अलग-अलग काम हैं।

जब कई अंग मिलकर हमारे शरीर में किसी एक ख़ास काम को पूरा करते हैं तो उन सब अंगों को मिलाकर तंत्र कहते हैं।

मनुष्य के शरीर में स्नायु-तंत्र, शरीर में खून दौड़ाने का तंत्र, साँस लेने का तंत्र, खाना पचाने का तंत्र आदि कई तंत्र हैं।

खून दौड़ाने वाले तंत्र की मदद से मनुष्य के पूरे शरीर में, शरीर के हर सेल तक, खून की धारा पहुँचती है। खून में सेलों को ज़िन्दा रखने के लिए ताक़त पहुँचाने वाली चीज़ें होती हैं। ये ताक़त पहुँचाने वाली चीज़ें शरीर के हर सेल तक पहुँचा देने के अलावा खून दौड़ाने वाले तंत्र की मदद से इन सेलों से मल-मूत्र आदि बेकार चीज़ों को आख़िर में शरीर से बाहर निकाल देने का इन्तज़ाम भी होता है।

साँस लेने वाले तन्त्र की मदद से हम अपने शरीर के लिए ताज़ी ऑक्सीज़न लेते हैं और शरीर से गन्दी कारबन डाइऑक्साइड गैस बाहर निकाल देते हैं।

खाना पचाने वाले तन्त्र की मदद से हमारा भोजन पचता है।

और स्नायुओं वाले तन्त्र की मदद से हम अपने चारों ओर की चीज़ों की जानकारी हासिल करते हैं, सोचते हैं, समझते हैं, और अपने इस शरीर से तरह-तरह के काम कर सकते हैं...

दुनिया को बदल सकते हैं !

●●●